Jorge Antonio Brece

Políticas publicas hacia la repatriación en Ciudad Juárez, un análisis sistémico

UNIVERSIDAD AUTÓNOMA DE
CHIHUAHUA

Facultad de
Ciencias Políticas y Sociales

CIDEHM
Centro de Investigación, Desarrollo
y Habilidades Mediáticas

bsph
Borderland Studies Publishing House

Borderland Studies Publishing House

Breceda Pérez, Jorge Antonio
Políticas publicas hacia la repatriación en Ciudad Juárez,
un análisis sistémico.
Ciudad Juárez, Chihuahua: 2013.
ISBN-13: 978-0615946733
ISBN-10: 0615946739

Corrección editorial: Guillermo Enrique Cervantes
Delgado

Diseño editorial y formación electrónica: Guillermo
Enrique Cervantes Delgado

Diseño de portadas: Guillermo Enrique Cervantes
Delgado

Coordinación editorial: Universidad Autónoma de
Chihuahua.

Primera edición, diciembre de 2013.

Impreso en Estados Unidos de Norteamérica / Printed in
United States of America.

A Dios por diseñar mi camino, a mis padres de los cuales obtuve la formación, a mi esposa que es la referencia de cada logro alcanzado, a mis hijos, en los cuales deposito mi inspiración de vida, a los hermanos que me envió Dios, a ustedes amigos.

La presente obra ha sido sometida para su arbitrio y revisión ante una comisión interdisciplinaria compuesta por académicos investigadores en el área de las ciencias sociales pertenecientes a la Facultad de Ciencias Políticas y Sociales de la Universidad Autónoma de Chihuahua.

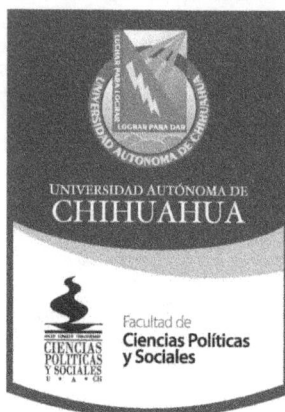

UNIVERSIDAD AUTÓNOMA DE
CHIHUAHUA

Facultad de
Ciencias Políticas
y Sociales

CIDEHM
Centro de Investigación, Desarrollo
y Habilidades Mediáticas

Contenido

Introducción

La repatriación en México entre los años 2000 al 2009 alcanzó la cifra de 6 millones 220 mil 890 eventos1. En el Estado de Chihuahua habrían acontecido 842 mil 828 casos y por Ciudad Juárez, 639 mil 118 repatriaciones, tanto por los puentes Paso del Norte (libertad) como el de Zaragoza2. El fenómeno de los deportados genera diferentes percepciones y muchos supuestos falsos entre ellos y por ejemplo el relacionado con la criminalidad. Sin embargo, el tema poco se ha estudiado y quienes han investigado no han encontrado evidencia científica de que la experiencia del migrante en Estados Unidos, guarde alguna relación con la violencia en la comisión de delitos en México (Vilalta, 2009).

Es indudable que cualquier sociedad se vea trastocada de generársele un foco de atracción de migrantes tal y como sucedió en Ciudad Juárez; pero eso no hace al repatriado un problema, sino al contrario, anima la constante reestructuración de los gobiernos y las sociedades para adecuarse a la problemática de la migración.

Durante la década 2000-2010, la dinámica migratoria sufrió cambios importantes. Tales, se deben entre otros a los impactos de la crisis económica tanto en México como en Estados Unidos y a las medidas de seguridad que aumentan con el propósito, por un lado el que EEUU desde el llamado 9/11 del 2001 busque protegerse de posibles ataques terroristas; así como también que las medidas anti-inmigrantes se hayan agudizado, y por otro, el que México haya avanzado en los acuerdos internacionales con éste país al firmar el arreglo local para las repatriaciones seguras y ordenadas. Así, es importante se haga un acercamiento al tema de

1El Instituto Nacional de Migración les llama así porque una misma persona podría cruzar varias veces la frontera y por lo tanto convertirse en potencial repatriado.
2Estadística del Instituto Nacional de migración, 2010.

7

las políticas públicas en beneficio de la gente deportada a través de la frontera de Ciudad Juárez.

En este sentido, es inevitable e indudable que la ciudad resintió dichos cambios. Como se sabe, Ciudad Juárez desde sus orígenes es un lugar de migrantes, aunque tal vez por diversos sectores no se le reconozca como tal. Lo cierto es que las personas migran, y sea porque vayan de paso o se queden a radicar en Juárez, se convierten en reclamadores naturales de que se les cubran sus necesidades mínimas para sobrevivir. Así, en un contexto de poco reconocimiento a las implicaciones que derivan de la migración, el gobierno municipal adopta medidas para dar solución a lo que se observa como un problema, y por lo tanto, establece políticas públicas de expulsión de la ciudad a los repatriados que llegan mediante el Programa de Repatriación Voluntaria al territorio mexicano por medio del Instituto Nacional de Migración.

Las políticas públicas generadas por el gobierno mexicano para atender la migración, se llevan a cabo desde diversas instancias del gobierno federal. A los deportados, se les atiende específicamente mediante el Programa de Repatriación Voluntaria. El Acuerdo fue suscrito por primera vez bilateralmente con Estados Unidos en 2004 para llevar a cabo el Plan Piloto de Repatriaciones Voluntarias. Así, El Programa se realizó de acuerdo con el artículo 5 del Memorándum de Entendimiento sobre la Repatriación Segura, Ordenada, Digna y Humana de Nacionales Mexicanos (Secretaria de Relaciones exteriores de 2010) y entre el 12 de Julio y 30 de Septiembre de ese año se habrían repatriado 14 mil mexicanos principalmente a las ciudades de México y Guadalajara.

Este programa se instauraría de manera permanente a partir del 2006, con la llegada a la presidencia de Felipe Calderón Hinojosa (2006-2012), y en el caso de Ciudad

Juárez, el alcalde José Reyes Ferriz (2007-2010), este implementaría el Centro de Atención a Migrantes (CAM) cuya finalidad es la de brindar transportación gratuita a sus lugares de origen a los mexicanos que son expulsados de Estados Unidos a través de la frontera Juárez-El Paso. Un apartado importante de estas políticas es el tema de los infantes migrantes deportados que reciben trato de manera especial a través del Programa Interinstitucional de Atención a Menores Fronterizos (PIAMF), [en el que] se crearon los módulos de atención para niños y adolescentes migrantes repatriados que viajan solos (Instituto Nacional de Migración, 2009).

En ese sentido en la ciudad existen múltiples asociaciones de carácter civil que dan atención a los migrantes deportados. Algunas vinculadas con las administraciones municipales, estatales o federales mediante la recepción de recursos económicos para llevar a cabo su trabajo. El tópico de la migración y su complejidad no es exclusivo de estos dos países. Alrededor del mundo se puede observar que dichos cambios acontecen entre otros porque tanto las naciones receptoras de migrantes se niegan a la recepción de más personas, como los países expulsores se encuentran con la incapacidad de evitar la emigración; aún y cuando las leyes han sufrido modificaciones agudizando los normativos legales, complejizando al grado de exponer a las personas a mayores riesgos en los procesos de migración. Sin embargo, en ejemplificación vale la pena observar que "la población de las regiones más desarrolladas se mantendrá al mismo nivel, es decir, en 1.200 millones de habitantes, y sufriría una disminución si no fuera por la migración neta prevista desde los países en desarrollo a los países desarrollados, de un promedio de 2.300.000 personas al año a partir de 2010" y hacia el año 2050, según la proyección de la Revisión

9

2006 del documento Previsiones demográficas mundiales de la ONU3.

En ese sentido las problemáticas derivadas de la migración proyectan una constancia del fenómeno, ya que "la población mundial seguramente aumentará en 2.500 millones de habitantes en los próximos 43 años, pasando de los actuales 6.700 millones a 9.200 millones en 2050. Este aumento equivale al total de población que había en el mundo en 1950 y corresponderá sobre todo a las regiones menos desarrolladas, cuya población se prevé que aumentará de 5.400 millones en 2007 a 7.900 millones en 2050" (Previsiones demográficas mundiales de la ONU, 2006). Por lo tanto, existiendo mayor población en las regiones de menos desarrollo, y de continuar situaciones como la pobreza que las mismas viven, así como atendiendo a que la migración parte de la existencia de polos económicamente unos mayor desarrollados que otros; entonces, es que se afirma no se pueda evitar la migración.

De acuerdo con el panorama arriba señalado, esta obra tiene como objetivo general contribuir al conocimiento de la situación social que envuelve el proceso de retorno de los migrantes mexicanos que vuelven al país por Ciudad Juárez, mediante el llamado mecanismo de la repatriación humanitaria, ordenada y segura emprendida por el gobierno mexicano, que cuenta con la participación de los tres niveles de gobierno y de organizaciones de la sociedad civil. De manera específica, la obra pretende analizar la situación que enfrentan los mexicanos repatriados y los alcances y límites de las acciones emprendidas por los diferentes niveles de gobierno y la sociedad civil en el marco de dicha política.

3La Revisión de 2006 es la 20ª serie de estimaciones y proyecciones demográficas oficiales de las Naciones Unidas que prepara la Divisiónde Población del Departamento de Asuntos Económicos y Sociales de la Secretaría de la Organización.

Las preguntas específicas que esta obra busca responder son; ¿Cómo impactan las deportaciones en el caso de Ciudad Juárez? ¿Qué acciones se llevan a cabo desde los gobiernos federal, estatal o municipal o los organismos no gubernamentales interesados en los migrantes deportados? ¿Cuáles son los alcances y los límites de las acciones o políticas públicas para resolver la problemática derivada de las deportaciones?

Para responder tales preguntas, se realizo una consulta de diversas fuentes hemerográficas, bibliográficas, documentales, además de efectuar diversas entrevistas a miembros de organizaciones sociales, funcionarios gubernamentales e investigadores académicos que trabajan y conocen la problemática de la inmigración en Ciudad Juárez.

Apoyados en dichas fuentes de información, que se enlistan al final de la obra, los principales hallazgos de esta investigación son; en primer termino, es de precisar que existen opiniones con una dualidad discursiva antagónica, por un parte, la concepción de los migrantes como entes que traen aparejada violencia, crimen e índice delictivo, por lo que dentro de este discurso las acciones de autoridad/sociedad se pueden observar claramente encaminadas a evitar que los migrantes accedan a Ciudad Juárez, o en su caso, que la permanencia de los suscritos dentro de la urbe se reduzca al mínimo en tiempo.

Por otra parte, se observa un discurso en el cual posicionan a los migrantes como las personas cuyo trabajo se ve materializado en el desarrollo, crecimiento y grandeza de Ciudad Juárez, así como, un conjunto de individuos cuya participación dentro de la sociedad enriquece de manera sustancial los elementos culturales de Ciudad Juárez. En segundo grado, se observa de manera significativa un desinterés de facto en el accionar de los funcionarios públicos de todos los niveles de gobierno, respecto a la creación de políticas públicas efectivas que den solución a la situación en que se ven inmiscuidos los repatriados al encontrarse en esta frontera particularmente, además, la mentalidad localista y lacónica respecto al ámbito internacional en el que se desenvuelve Ciudad Juárez, es así como, los suscritos no contemplan las secuelas que por añadidura tiene esta urbe por la situación geográfica en la que se encuentra.

Es por ello que el gobierno federal contempla como único factor respecto a la migración, el consistente en disminuir las condiciones de vulnerabilidad que sufren los connacionales, sin embargo, no se estima conveniente aprovechar de manera activa al compatriota que regresa a su país de origen, no considerando que los antes señalados, adquirieron dentro del país vecino; un nuevo idioma, oficio respecto a actividades de construcción y cocina, y en general conocimientos respecto a condiciones de adaptación laboral.

Por ultimo, es de resaltar la presunción por parte de funcionarios públicos locales, respecto a la existencia de políticas públicas enfocadas al tema de la repatriación, mismas que son perfectibles, ya que abordan el tema de manera superficial, situación que las convierte en ineficientes al ser implementadas, lo anterior, mencionado por actores y agrupaciones sociales, los cuales cuestionan de manera puntual, por la falta de recursos materiales destinados al desarrollo de dichas políticas publicas.

Para exponer en detalle los resultados de la presente obra, el contenido se presenta en tres apartados y una conclusión general.

En el primer apartado, se ocupa en la presentación del contexto internacional y nacional de la migración y las políticas públicas. Como parte de este contexto, se destacan los principales flujos migratorios internacionales, que invariablemente muestran que la desigualdad entre países se encuentra en la base del fenómeno migratorio, se realiza una pausa en los casos

12

de países pobres o en situación de desventaja que sufren la pérdida de su población, para detener su salida y en especial para reencauzar el retorno de su población migrante. También, frente a esas experiencias, se aborda muy sucintamente el caso mexicano con respecto a las políticas que ha emprendido en torno a la salida y regreso de sus migrantes. De esta comparación, sobresalen diferencias en la repatriación que surgen del tipo de migrante y de los propósitos de la misma.

En el segundo apartado, se exponen los antecedentes de la migración en la región de Ciudad Juárez y El Paso. De una manera rápida y sintética, se muestran los flujos y reflujos de la migración de mexicanos hacia los Estados Unidos y de los efectos que en cada coyuntura histórica se han manifestado en la ciudad. De esa visión panorámica, asimismo, se desprende la constatación de que los efectos que provoca la migración en la ciudad guardan una extraordinaria continuidad en cada coyuntura. Por lo tanto, al momento de abordar la situación que se presenta en la última década en relación con los mexicanos repatriados por Ciudad Juárez, se pretende destacar más que otra cosa, que su situación resulta agravada de modo particular por el contexto de violencia generalizada que prevalece. Una situación hasta cierto punto inédita, que da pie a un discurso público adverso hacia los retornados.

En el tercer apartado, se centra en el supra análisis de las políticas para los repatriados en Ciudad Juárez. Para ello, se esboza el marco jurídico e institucional de la política para los repatriados, para enseguida contener el análisis en el caso específico de las acciones a cargo de las instancias del gobierno municipal de Juárez, el discurso de la Presidencia Municipal a ese respecto y sus relaciones con diferentes sectores de la sociedad local, en particular las organizaciones de la sociedad civil que están involucradas en la atención a los migrantes.

Al final, en las conclusiones, se resumen los principales hallazgos de la obra y se presentan un conjunto de reflexiones y sugerencias de acciones para la política pública, que puedan contribuir a mejorar las condiciones en que arriban a Ciudad Juárez y reingresan al país los connacionales que antaño decidieron emigrar a los Estados Unidos, y ahora ese país los retorna contra su voluntad en el marco de las actuales y endurecidas leyes migratorias que rigen en él.

Es de suma importancia diferenciar en la presente obra los conceptos de repatriado, deportado y retornado, ya que en su comprensión básica parecerían considerarse sinónimos, mas aún, estimaría que las autoridades gubernamentales y la sociedad civil no contemplan distingos entre los mencionados conceptos, es así, como en la implementación de políticas publicas le ofrecen el estatus de repatriado a todo individuo que regresa voluntaria o involuntariamente a su país de origen, es por ello, que resulta del todo significativo realizar un análisis respecto a los conceptos antes mencionados.

Por ello que resulta necesario realizar un acercamiento del termino repatriado, en cuya definición se puede deducir la presencia de un individuo cuya conciencia cívica se encuentra del todo desarrollada respecto a su país de origen, existiendo un nexo de identidad y agradecimiento con su nación, sin embargo, resulta del todo evidente que los migrantes mexicanos tienen un total desapego a su Estado de origen, situación que resulta lógica, en razón a que México no les ofreció las condiciones básicas de desarrollo individual, así es como, resulta frívolo definir al cumulo total de migrantes que cruzan diariamente las fronteras como repatriados.

Respecto al deportado se puede connotar la existencia de una situación particular, en la que un Estado expulsa a un individuo extranjero debido a que su estatus migratorio es del todo irregular, es de acentuar que la expulsión se ofrece en el ámbito de la legalidad, para ello, existen políticas publicas (dentro del País receptor) cuya finalidad es identificar a entes extranjeros para obligarlos a regresar a su Nación.

Por último, acerca del retornado sin duda alguna se puede observar la existencia de un individuo cuyo interés y voluntad libre, se enfoca a regresar a su país de origen, sin que dentro de esa decisión intervengan factores externos relacionados al país dentro del cual se encuentra radicando.

Es de acentuar que dentro de la presente obra, el concepto de repatriado lo analizamos desde la definición Gubernamental/Sociedad civil y no así de lo antes expuesto, por lo tanto, como ya se puntualizo, se observa que la definición de repatriado dentro de las políticas publicas existentes aplica indistintamente a cada uno de los individuos que regresan de manera voluntaria o forzosa a su país de origen.

I. Ambiente Nacional e Internacional del fenómeno migratorio y las políticas públicas

Para la exposición de este contexto es propicio apoyarse de los informes oficiales y académicos sobre la migración internacional, en los que se perfilan los principales flujos migratorios mundiales, que invariablemente reiteran que la desigualdad entre países se encuentra en la base del fenómeno migratorio.

Derivado de esa situación de desigualdad, se realiza un análisis sobre la presentación de diversos casos de países pobres o en situación de desventaja que sufren la pérdida de su población, mismos que para detener la salida de sus habitantes o reencauzar el retorno de su población migrante han emprendido políticas de repatriación, frente a las cuales conviene contrastar el caso mexicano. Estos casos son los de India y Marruecos, países donde se presenta una política hacia la migración circular vinculada a una estrategia nacional de desarrollo económico y recuperación del llamado "capital humano".

Frente a tales experiencias, se aborda sucintamente el caso mexicano para observar las líneas generales de su política de migración, particularmente en cuanto a las medidas que ha emprendido en relación al retorno de su población migrante. De esta comparación, se destacan dos aspectos centrales; por una parte, que en el caso mexicano se observa una política migratoria reactiva y subordinada a factores exógenos, y por tanto desvinculada de una noción de desarrollo nacional; y por otra parte, centrada en consideraciones de seguridad pública y asistencia humanitaria.

a) Fenómeno internacional y sus directrices de control
La migración en el mundo es parte de la naturaleza de la economía entre los países más desarrollados y no

desarrollados. Los primeros como polo de atracción y los segundos como polos de expulsión. También, un papel importante en dicho planteamiento es el papel que juega la frontera y entre otros, la influencia que esta tiene en los ejes migratorios. A ello habría que aunar las políticas que siguen las naciones desde su posición de expulsoras de migrantes o receptoras de inmigrantes. De la misma manera, se tendría que plantear la revisión de los beneficios o perjuicios que la migración ocasiona tanto en sus naciones de origen como aquellas en las que residen.

El fenómeno de la migración, que consiste en un cambio en el lugar de residencia habitual de una persona de una forma más o menos duradera, presenta varias aristas que por su amplitud y complejidad, puede decirse involucran todos los aspectos de la vida de una sociedad. Sus consecuencias e impactos dejan ver inmediatamente que el solo hecho de que las personas cambian su lugar de residencia, supone el cambio de la sociedad en su totalidad, ya que con ellos cambian el lugar en el que residían, los lugares por los que transitaban y los lugares a los que arriban, son modificaciones que resultan de cambios previos y que consecuentemente provocan otros más. Y esto ocurre en casi todas las dimensiones de lo social, es decir, al nivel de la economía, la política y la cultura. Es decir, al hablar de la migración casi es, en un sentido amplio, equivalente a hacerlo sobre el cambio social.

De este modo, sobre la migración, la literatura ha enfocado su mirada en un conjunto de fenómenos asociados a ella, que también son de escala amplia y compleja. Concretamente, ahora se le vincula de una manera sumamente estrecha con la llamada globalización (Ianni, 1996) de la que resultan varias cuestiones que conviene revisar para ubicar el contexto del problema que se aborda en la presente obra, lo anterior bajo dos enfoques; la dirección que toman los flujos migratorios, sus causas y consecuencias y en particular, las políticas que adoptan los estados en los casos en que se presenta la llamada migración circular, es decir, cuando la población retorna a sus lugares de origen.

Sobre las causas y consecuencias de la migración se ha comentado, por un lado, como secuelas de los problemas inherentes al desarrollo económico y la vida política de los lugares de origen, de modo que quienes migran buscan superar dificultades materiales y riesgos para la vida que allí enfrentan. Pero mientras esto ocurre en los lugares de expulsión, en los de atracción se presenta la migración a partir de sus consecuencias, que pueden ser negativas, cuando los migrantes elevan las demandas sociales y generan problemas de inserción en los mercados de trabajo; o bien positivas, cuando son asumidos como un recurso que alienta el desarrollo cultural, político y económico (producción) de los lugares que los acogen. En uno y otro caso, las consecuencias dan lugar a debates públicos en los que se realzan, frecuentemente de manera dicotómica, los beneficios o perjuicios asociados a la migración.

Es así, que es posible encontrar el tema de la migración asociado a cuestiones como la identidad cultural de las poblaciones receptoras, sea porque la debilitan o fortalecen; al acceso, limitación o ampliación de derechos sociales; y la aparición de problemáticas de inseguridad o violencia, entre otros. En este debate, sin embargo, se esconde con frecuencia el hecho de que la migración no solo obedece a las dificultades presentes en los lugares de origen, sino a también a las necesidades que surgen en aquellos lugares de destino, básicamente de naturaleza económica, es decir, donde existedemanda de fuerza de trabajo. De allí que de manera inherente a la migración se encuentra el tema de la desigualdad social y los desequilibrios territoriales, que suponen, básicamente, la existencia de regiones y países ricos y pobres.

Aunque no es exclusivo, el caso norteamericano es a todas luces un ejemplo claro de lo anterior, ya que en Estados Unidos puede encontrarse una abultada gama de argumentos a favor y en contra de la migración, en sus diferentes expresiones legales y étnicas, en virtud de sus efectos sobre la sociedad norteamericana.

En el caso de la migración de personas provenientes del subcontinente Latinoamericano, y en especial mexicana (amplios sectores de la llamada derecha conservadora, de múltiples maneras, incluyendo en el ámbito académico), han esgrimido históricamente diversos argumentos contra ella, considerando que esta proporciona más males que bienes. Entre los males, arguyen, los hay de tipo social y cultural, ya que por una parte generan una sobrecarga para el Estado y problemas de delincuencia y salud pública, a la vez que riesgos de contaminación cultural que vulnera al sistema de vida democrático. Del lado contrario, hay quienes argumentan los múltiples beneficios que le proporcionan a la sociedad norteamericana, no solo en lo económico porque constituyen una fuerza de trabajo de bajo costo, sino porque generan ingresos para el Estado, sino también en lo cultural.

En este contexto, la migración, particularmente la que se observa a nivel internacional, ha adquirido en las últimas décadas una nueva magnitud y significación. Pues según el comunicado lanzado por la ONU en el Diálogo de Alto Nivel de las Naciones Unidas se estimó que en el 2013, 232 millones de personas (el 3.2% de la población mundial), son migrantes internacionales, a diferencia de los datos registrados en el año 2000 con 175 millones de personas. El Norte (los países desarrollados), acogen a 136 millones de migrantes internacionales, mientras que en el Sur (países en desarrollo), residen 96 millones. La mayoría de los migrantes internacionales están en edad laboral (20 a 64 años) y representan el 74% del total. Cabe resaltar que a nivel mundial, las mujeres representan el 48% de todos los migrantes internacionales. Ello constituye hoy en día un medio fundamental por el cual a la vez que se mantiene la desigualdad existente en la división internacional del trabajo, se establece un doble flujo en el que, de un lado, avanza la fuerza de trabajo hacia los países desarrollados y del otro, salen remesas destinadas a los países expulsores.

Este doble flujo puede apreciarse con claridad en el informe que presenta Previsiones demográficas mundiales (Buzo, 2006), en donde se observa a la migración desde diferentes perspectivas, resultado de poderosos factores sociales, económicos y demográficos tanto en el sur como en el norte de la mayoría del planeta. En ese estudio se muestran 15 zonas de mayor movimiento migratorio a nivel internacional, en las que esta dualidad se pone de manifiesto, ya que en todos los casos el movimiento migratorio va de los países pobres hacia los países de mayor desarrollo económico.

Figura 1. Migraciones Actuales.

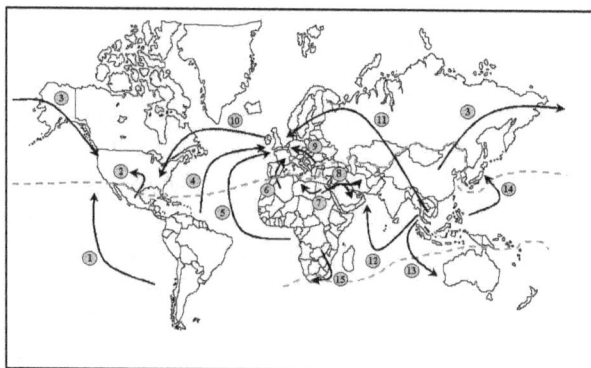

América del Sur – EE.UU.; 2. México – EE.UU.; 3. China – EE.UU.; 4. América Latina – Unión Europea; 5. África Subsahariana – Unión Europea; 6. Magreb – Unión Europea; 7. y 8. Egipto – Países productores de petróleo (Argelia y Golfo Pérsico); 9. Europa Oriental – Unión Europea. 10. Europa – EE.UU.; 11. Sudeste Asiático – Unión Europea. 12. Sudeste Asiático – Países productores de petróleo (Golfo

20

Pérsico); 13. Sudeste asiático – Australia; 14. Sudeste Asiático – Japón. 15. África Central y Oriental – República Surafricana.

Fuente: Apuntes de geografía humana y Movimientos migratorios. http://ficus.pntic.mec.es/ibus0001/poblacion/Movimientos_migratorios. html

Dicho informe, en el que se muestra con claridad que el movimiento tiene una fuerte determinación económica, no solo muestra la existencia de ese número de sistemas migratorios, sino también plantea algunos elementos importantes a considerar. Uno de ellos, es el hecho de que la migración, con todo y que se ha intensificado en las últimas décadas, no se detendrá en las siguientes, ya que menciona, "entre 2005 y 2050, se prevé que el número neto de migrantes internacionales a las regiones más desarrolladas será de 103 millones" (Buzo, 2006). Por ello, resulta oportuno observar la proyección de la Organización de las Naciones Unidas, dentro de la cual en lo que respecta a promedios anuales durante el período 2005-2050, se prevé que los principales receptores netos de migrantes internacionales serán los Estados Unidos (1.100.000 al año), el Canadá (200.000), Alemania (150.000), Italia (139.000), el Reino Unido (130.000), España (123.000) y Australia (100.000).

Cabe mencionar que las estimaciones numéricas respecto a la migración se revela que cada año la migración aumentará por un millón de personas. Así como se observa que los asiáticos y latinoamericanos que viven fuera de sus regiones de origen constituyen los grupos más numerosos y suman cerca de 19 millones de los migrantes que viven en Europa, cerca de 16 millones en Norteamérica y aproximadamente tres millones en Oceanía. Los migrantes nacidos en América Latina y el Caribe representan el segundo gran grupo de la disgregación que, en su mayoría, 26 millones, vive en América del Norte.

Resalta que en el año 2013, los nacidos en Asia meridional constituyen el grupo más numeroso de migrantes internacionales que vive fuera de su región de origen. De los 36 millones de migrantes internacionales de Asia Meridional, 13.5 millones residen en los países productores de petróleo de Asia Occidental. Los migrantes internacionales oriundos de América Central, con inclusión en México, representan otro gran grupo de migrantes que vive fuera de su región de origen. Cerca de 16.3 millones de los 17.4 millones de migrantes centroamericanos, viven en los Estados Unidos. Desde 1990, América del Norte ha registrado el mayor incremento en el número absoluto de migrantes internacionales, que sumaron 25 millones, y ha experimentado el crecimiento más rápido en la cantidad de migrantes con una media de 2.8% anual.

En este año, la mitad del total de migrantes internacionales vivía en diez países, de los cuales los Estados Unidos albergaban el mayor número (45.8 millones), seguido de la Federación Rusa (11 millones), Alemania (9.8 millones), Arabia Saudita (9.1 millones), Emiratos Árabes Unidos (7.8 millones), Reino Unido (7.8 millones), Francia (7.4 millones), el Canadá (7.3 millones), Australia (6.5 millones) y España (6.5 millones). Los Estados Unidos recibieron el mayor número de migrantes internacionales entre 1990 y 2013, es decir, aproximadamente 23 millones de lo que equivale a un millón de migrantes internacionales más por año. Los Emiratos Árabes Unidos registraron la segunda cifra más alta con siete millones, seguidos de España con seis millones (Wilmoth, 2013).

Este crecimiento, apunta el informe, tiene múltiples implicaciones tanto para las naciones desarrolladas como las que están en desarrollo. Pero, sobre todo tienen una explicación: de un lado, la profundización de la desigualdad entre los países ricos y pobres, que torna más atractivos a los primeros como una salida para la población carente de expectativas de una mejor vida en sus lugares de origen; y de otro lado, el hecho real de que en los países ricos existe un déficit demográfico que, de una manera u otra, han buscado resolver mediante la inmigración extranjera.

En este sentido, el Buzo (2006) destaca que en 2005-2010, la migración neta fue más del doble que el crecimiento natural de la población (nacimientos menos muertes) en ocho países o zonas, a saber, Bélgica, el Canadá, España, Hong Kong (RAE de China), Luxemburgo, Singapur, Suecia y Suiza" y que "la migración neta contrarrestó el exceso de muertes respecto de nacimientos en otros ochos países o zonas: Austria, Bosnia y Herzegovina, Eslovaquia, Eslovenia, Grecia, las Islas Anglonormandas, Italia y Portugal.

La necesidad de la población extranjera, sin embargo, no implica que en esos países haya un consenso sobre el modo en que esta debe ingresar en ellos, el papel que deben desempeñar y los derechos que los migrantes pueden disfrutar. En la mayoría de ellos, como se ha dicho antes, se presentan fuertes debates no solo sobre los llamados efectos de la migración, sino en el tipo de regulaciones jurídicas y sociales que deben corresponder al balance que se tenga de tales efectos. En este sentido, el informe también señala que en la mayoría de esos países han avanzado las posiciones regulacioncitas en las cuales se privilegia el arribo a esos países ya no tanto de una población migrante permanente -como ocurría antaño, que una vez ingresada en el país receptor pasaba a formar parte constitutiva de la población autóctona-, sino a favor de una migración temporal y por consecuencia circular.

A ese respecto, además de los Estados Unidos, en donde desde hace años el debate esta atrancado en el carácter temporal o permanente que deba darse a la llamada reforma migratoria, se señalan tres casos interesantes que refuerza la existencia de esta tendencia.

Son los de España, Alemania y Francia, países que en julio de 2008 propusieron de manera conjunta el llamado Pacto Europeo de Inmigración y Asilo ante el parlamento de la Unión Europea. En dicho documento se establecen algunas ideas que revelan el carácter controvertido que asume el tema de la migración, por ejemplo que, por un lado, "Las migraciones contribuyen al crecimiento económico de la Unión Europea y de Estados que las necesitan por su situación demográfica y su mercado de trabajo...", pero por otro que "La UE no tiene medios para acoger dignamente a todos los inmigrantes que buscan una vida mejor" y por añadidura que "Una inmigración mal controlada puede atentar contra la cohesión social de los países de acogida".

En ese orden de ideas, otras cuestiones igualmente controversiales son, por ejemplo, que se debe promover regulaciones que "reposen sobre un equilibrio entre los derechos de los inmigrantes (acceso a la educación, al trabajo, a la seguridad y a los servicios públicos y sociales) y sus deberes (respetar las leyes del país de acogida)"; que esas políticas deberán incluir "medidas específicas para favorecer el aprendizaje de la lengua y el acceso al empleo" y poner el acento "sobre el respeto de las identidades de los estados miembros y de sus valores fundamentales tales como los derechos del hombre, la libertad de opinión, la tolerancia, la igualdad entre hombres y mujeres y la obligación de escolarizar a los niños".

Es decir, la propuesta tiene como finalidad mitigar el efecto social y cultural de la migración, para lo cual es deseable claramente tener una migración controlada. Una migración, en la que de ser posible, además del control, no suponga el principio de la regularización masiva, sino individual y casuística ("El Consejo Europeo decide limitarse a las regularizaciones caso por caso y no generales, en el marco de las legislaciones nacionales, por motivos humanitarios o económicos") y preferentemente de retorno.

De acuerdo con ese documento, que resume en gran medida el sentido predominante del discurso oficial sobre la migración en Europa, en ese continente al igual que en Norteamérica, resulta evidente que en tanto países receptores, los gobiernos quieren evitar el establecimiento permanente dentro de su territorio de las personas no originarias (migrantes) de la entidad que ellas representan y privilegiar la migración de fuerza de trabajo calificada. Y lo hacen a través de programas diversos, entre otros como el de trabajadores huéspedes, que representa la forma ideal en la que el migrante arriba a esos países con el único propósito de laborar, más no de establecerse.

Para el discurso oficial, este nuevo tipo de migrante, se le cataloga de una manera positiva, ya que no solo representa ventajas para el país receptor, sino incluso para el expulsor, ya que los migrantes que retornan pueden cumplir un papel activo de suma importancia en el desarrollo nacional.

b) Casos: India y Marruecos dentro de un fenómeno circular

Las directrices políticas sobre el presente tema, no ocultan su origen en las preocupaciones sobre los males de la inmigración en los países receptores, ha traído varias consecuencias. De un lado, mayores controles para contener el ingreso legal, detenerlo y regresarlo. También, controversias internacionales sobre el respeto a los derechos humanos y el establecimiento de dispositivos en los países expulsores para administrar el problema que les representa el retorno de su población, tanto por la reducción de las remesas, como por las presiones que implican sobre los mercados de trabajo4.

4Documento donde entre otros se dice que El Consejo Europeo en 2005 estableció a partir de la iniciativa impulsada por España, una serie de

En el marco de esta diversidad de experiencias, sin embargo, destacan algunos casos en los que parece haber operado un cambio importante en el modo en que se concibe el problema migratorio, es decir, en donde este problema parecería desearse se transforme en oportunidad. Estos casos son los de India y Marruecos. Sobre todo el de la India, porque se trata de un país que por su historia y localización geográfica constituye un fenómeno migratorio atrayente, pues permite observar una nueva manera en la que parece romperse el circulo migración-subdesarrollo y abrirse uno nuevo, en el que la migración ofrece ventajas tanto para los países receptores como para el país expulsor (Moran, 2006).

De esta manera, los casos de la India y Marruecos demuestran que si bien las políticas migratorias no rompen de tajo el factor que le subyace a la migración, es decir, la desigualdad entre países, si permiten apreciar una posición activa y un aprovechamiento del hecho real de que los países receptores tanto desean la mano de obra de los países subdesarrollados, como al mismo tiempo con la misma intensidad, tener una inmigración controlada. Para este modelo, la migración no solo es importante en tanto válvula de escape de las presiones internas a través de la captación de remesas, sino que en una perspectiva de largo plazo, esta puede representar una estrategia de formación de capital humano cuando los migrantes retornan a sus lugares de origen llevando su capital social aprendido en el extranjero y se vuelven un detonador de riqueza cultural, social, política y económica.

Frente a estos modelos, a continuación se mostrarán las coordenadas que distinguen la experiencia de México en relación con los migrantes, particularmente

---

acciones concretas en materia de inmigración, centradas especialmente en África y el Mediterráneo.

la que se enfoca en el retorno de los mexicanos de los Estados Unidos, que como se sabe, no ha sido ni inducido por el Estado mexicano ni mucho menos del todo aceptado.

El caso de la India particularmente es interesante por la evolución en su historial de emigración y posteriormente en la repatriación de lo que en otros países acaba como fuga de cerebros. Dicho de otro modo, lo que ha sucedido en la India es relevante porque acaso como en ninguna otra parte se observa el impacto de la migración conocida como fuga de cerebros, el cual pareciera ha sido positivo al retorno de los migrantes a su país. La migración hacia este país y esta región se da en contextos diferentes. Por un lado hacia la región del golfo con el auge del petróleo en la década de los setenta y por otro que "desde la Guerra de Kuwait (1990–1991), los hindúes han reemplazado en el Golfo con sus migrantes incluso a los árabes que no provienen del país, es decir, a los jordanos, yemeníes, palestinos y egipcios. Es decir, de ser menos de 258,000 en 1975, la población migrante de origen indio en el Golfo se elevó a 3.318 millones en 2001"(Khadria, 2006).

Por otro lado, la emigración hacia Estados Unidos también mediante mecanismos en un principio regulados y lo que se ha dado en llamar "fuga de cerebros", ha provocado fenómenos como el que a "los inmigrantes profesionales". Así, también se ha fomentado el hecho de que ellos mismos retornan de manera circular al proceso migratorio. Sin embargo, estas dos percepciones necesitan matizarse, ya que ello tiene implicaciones positivas y también negativas que deben ser tratadas en conjunto por los países de origen y destino.

En otro sentido, habría que observar con atención que en la India, las políticas públicas emanadas de la emigración de Hindúes ha propiciado la formación de un Ministerio encomendado exclusivamente para el asunto de los indios en el extranjero, lo cual lleva a dos propuestas claramente identificadas, la primera, la formación de un programa denominado "ciudadanía india en el extranjero" y el segundo es el que los indios en el extranjero tengan el derecho a votar. Las acciones del gobierno han sido, sin duda, medidas pertinentes para crear un sentimiento de empatía con la patria. Por esta razón el migrante se encuentra en un estado de agradecimiento con su nación. Es así como, no importa las razones por las cuales necesito emigrar a otro país, sino, como al final se hace presente la responsabilidad del ciudadano sujeto de derechos políticos tanto en su país natal como en el extranjero.

Un caso semejante al de la India lo constituye el de Marruecos, uno de los países con mayor expulsión poblacional en el mundo y que tienen como destino a Europa Occidental, donde se encuentran dos millones de personas migrantes de África del norte y un millón del África subsahariana. A este respecto, los marroquíes no solo forman una de las mas grandes comunidades de migrantes en el planeta, sino también de las mas dispersas en Europa Occidental; Es decir de una población de 30 millones de marroquíes, mas de tres millones vivían en el extranjero (Castles y Delgado, 2007). Debido a ello, las autoridades de ese país han concebido a la migración como una especie de recurso que contribuye al desarrollo económico nacional. Desde esta concepción, consideran que migración es un mecanismo que permite a los connacionales adquirir habilidades y conocimientos que con posterioridad traerán a su país.

En su artículo Migración internacional marroquí:balance y perspectivas Sassi (2009), se plantea como en la década de los sesenta el regreso de los Marroquíes formados en el extranjero, egresados de las universidades europeas (médicos, ingenieros, profesores, etcétera) que elegían permanecer en el extranjero eran la excepción, pues la mayoría de los egresados universitarios regresaban al país para ocupar puestos directivos en la administración. El costo de este éxodo, tanto para Marruecos como para todo el conjunto de países en vías de desarrollo involucrados, tuvo consecuencias negativas en varios niveles, sobre todo porque afectó sectores y actividades de alta tecnología y elevado valor agregado.

Sin embargo, las cuestiones positivas, se pueden identificar con Políticas Públicas puntuales en razón a los retornados en este País, por ejemplo; Programa Transport of KnowledgeThroughExpatriateNationals, o Transferencia de Conocimientos a través de los Nacionales Expatriados (tokten) era un programa creado en 1996 con la dirección del Programa de las Naciones Unidas para el Desarrollo (PNUD) cuyo objetivo era "identificar el potencial científico de determinado país en el extranjero para de este modo propiciar condiciones favorables para su país de origen. Esto con la finalidad de que los repatriados contribuyeran al desarrollo económico del país, particularmente en los campos de la investigación y la evaluación; mismo que mas adelante se convertiría en "el programa Foro Internacional de Competencias de los Marroquíes Residentes en el Extranjero (Fincom-tokten)" dando lugar a la política pública denominada Estrategia nacional de desarrollo económico y social.

c) La práctica mexicana

La situación actual de las políticas públicas de México frente a la migración puede entenderse como producto dual; por un lado, la escasa producción de directrices políticas que inicia en el año de 1960 y, por otro, el intenso, pero fugaz, involucramiento durante las negociaciones migratorias ante el programa de braceros, que se extendió por más de 20 años, entre 1942 y 1964, como ejemplo de las actividades realizadas bilateralmente. Sin embargo en la segunda parte (después de 1965), se instauró por espacio de aproximadamente dos décadas, la denominada; política de no tener política.

En esa época se expandieron posturas con falta de factibilidad de los controles gubernamentales sobre los flujos migratorios, ya que los diferenciales salariales y el desarrollo entre los países harían infructuosos los intentos por detener o influenciar dichos fenómenos. De este modo, toda idea de una construcción de directriz migratoria cayó en el olvido, situación que concluye con un olvido institucional por aproximadamente veinte años, una clase de entendimiento tácito entre los dos países que previno la aparición de actitudes explícitas pro-desarrollo en lo que respecta a los flujos migratorios y en lo que refiere a los migrantes, una ausencia de apoyo de estado.

Es por ello que resulto necesaria la promulgación en 1986 de la Ley sobre Reforma y Control de la Inmigración (IRCA), normatividad que obligó al gobierno mexicano a reflexionar sobre sus posiciones y actitudes hacia el fenómeno, sin embargo, las posiciones mexicanas continuaron basándose en el supuesto de que la migración era inevitable y no se hizo ningún intento significativo para diseñar políticas públicas.

Es así como se encontró una postura estatal que se basaba en que el Tratado de Libre Comercio con América del Norte generaría más trabajos y mejores salarios en México, lo cual podría reducir las presiones migratorias ya que cabe destacar que el tema migratorio se excluyó del Instrumento internacional antes mencionado, en 1994, bajo consideraciones que la naturaleza de dicho tratado era del todo comercial y que las condiciones generadas por dicho tratado, permitiría a los mexicanos quedarse en sus lugares de origen y por lo tanto no intentarían migrar hacia Estados Unidos. El intento de profundizar en la "integración de México al Área de Libre Comercio de América del Norte", fue para demandar la apertura de "las fronteras para el libre flujo de mercancías y migrantes" (Sandoval, 2004).

La práctica reciente de México en el tema de la migración hacia Estados Unidos se puede considerar contemporánea, debido a que el discurso migratorio proviene de los gobiernos federales emanados del Partido Acción Nacional, es así, como la estrategia del gobierno federal 2000-2006 para enfrentar el fenómeno de la migración consistía en proponer un programa temporal de trabajadores huéspedes con Estados Unidos y ampliar el que existía con Canadá, así como también el ejecutivo federal ofrecía mano de obra mexicana barata, esto, como una ventaja competitiva, en este contexto, si bien los trabajadores se desempeñarían legalmente, no se encontraban exentos del trato social como indocumentados, es decir, el énfasis recayó en la regulación del mercado laboral principalmente por la vía de la empresa maquiladora.

Para entablar negociaciones serias, México debió traducir sus objetivos y principios tradicionales (respeto por los derechos de los migrantes y seguridad en la salida de sus trabajadores) en propuestas específicas, las cuales consistían en cinco puntos de negociación dentro de la agenda política mexicana: 1) la regularización por parte de los Estados Unidos de los mexicanos que viven allí sin los permisos y documentos apropiados; 2) el establecimiento de un programa de trabajadores temporales que integraría un número significativo de mexicanos; 3) la obtención de un número más alto de visas de inmigración para ciudadanos mexicanos; 4) la creación de condiciones seguras para la frontera común, y; 5) la cooperación para el desarrollo de las principales regiones de origen de los migrantes.

El gobierno mexicano reforzó sus anteriores políticas y programas de protección, e incluso desarrolló algunas nuevas, entre las cuales debe mencionarse la promoción de la Matrícula Consular como un documento de identificación para emigrantes. Entre los objetivos prioritarios para México se encuentra el establecimiento de reglas para contar con flujos ordenados de trabajadores temporales y permanentes.

Sin embargo, la economía mexicana no tiene la capacidad para absorber una repatriación masiva; y es de resaltar que se prevé una incapacidad de recepción si existiera un regreso masivo de mexicanos ya insertos, de una u otra manera, en la economía, las aspiraciones y los niveles de vida en Estados Unidos de Norteamérica. Más allá de lo mencionado, el actual gobierno no parece contar con iniciativas importantes o diferentes de las heredadas (evolución natural de políticas públicas), ni en materia de gestión y gobernabilidad migratoria ni en materia de desmotivación migratoria (Alba, 2009).

Como se puede observar de lo antes expuesto, la política migratoria entre México y Estados Unidos, se encuentra ausente de iniciativas migratorias o generación de dinámicas sociales como las enunciadas por la India o Marruecos para sus connacionales. Por el contrario, la política migratoria de Estados Unidos, aplicaría al obligar que los migrantes en situación irregular abandonen su territorio y por su parte México haría lo propio al alentar al planteamiento de repatriación, garantizando que sea dentro del respeto del Derecho y la dignidad de las personas implicadas, dando preferencia al retorno voluntario (Pacto Europeo sobre Inmigración y Asilo, 2008).

II. Las directrices políticas y marco jurídico hacia el fenómeno de la repatriación

Nota preliminar.

32

Inicialmente es necesario resaltar la existencia de asociaciones civiles como YMCA, Casa del Migrante y Sin Fronteras I.A./P. Mismas que han cooperado con los gobiernos de los tres niveles en albergar a los migrantes durante su estancia en la frontera hasta que los repatriados obtienen recursos para regresar a su lugar de origen o gestionan el subsidio gubernamental que les provee el recurso. Les brindan estancia, alimento, un trabajo temporal (algunas instituciones), asistencia médica y jurídica entre otros aspectos. Sin embargo, los organismos que en sí se mantienen al tanto de la atención legal son los tres niveles del gobierno, a través del Instituto Nacional de Migración, la Comisión Estatal de Derechos Humanos y el Programa de Coordinación de Asistencia a Migrantes, a través de proyectos como Programa de Repatriación Humana y Programa Tres por Uno, mismos que han cooperado de manera exitosa en asistir al migrante una vez regresado este a México.

Por otra parte, aún y con la insistencia dual (ciudadanía y gobierno), en colaborar con ayudar a este grupo social, el esfuerzo en implementación de políticas públicas es del todo perfectible, ya que resulta evidente la falta de política pública por parte del gobierno mexicano a nivel federal en advertir a sus connacionales de esta situación para disminuir el flujo migratorio de mexicanos a Estados Unidos, e incentivar económicamente el sector primario, secundario y terciario, para que la fuerza laboral no migre y con ello, reactive la economía mexicana.

El intento del presente capitulo consiste en realizar un análisis integral de las políticas públicas implementadas por el gobierno municipal, estatal y federal hacia los repatriados, así como evaluar las acciones gubernamentales en razón a la eficiencia de las mismas. Para ello, se esboza el marco jurídico e institucional de la política para los repatriados y los lineamientos generales del Programa de Repatriación

Segura, Ordenada, Digna y Humana de Nacionales Mexicanos. Enseguida se realiza una breve descripción de la diversidad de instituciones de los diferentes niveles de gobierno que de manera directa intervienen en la política de repatriación y por ultimo, se analizan los alcances y límites de las acciones que llevan a cabo los tres niveles de gobierno, de manera coordinada con las organizaciones de la sociedad civil, para atender las necesidades de los mexicanos repatriados de Estados Unidos.

Los ordenamientos legales en el fenómeno de la repatriación

Resulta preponderante jurídicamente definir el término repatriado, debido a que en la connotación de los diversos ordenamientos jurídicos, se observa la situación que comprende de manera integral al connacional que es retornado de un país extranjero de manera voluntaria o en una situación de vulnerabilidad, es decir, se observa con independencia de variables; otro aspecto a considerar es, si el regreso del connacional al país se realiza desde un acto volitivo o como resultado de la intervención directa de una autoridad extranjera. Es de suma importancia hacer mención a lo anterior, ya que la mayor parte de los inmigrantes que regresan de Estados Unidos después de que han sido detenidos por las autoridades estadounidenses, realizan el evento en contra de su voluntad, sin embargo, resulta interesante puntualizar que existe la presencia de connacionales que por decisión propia se inclinan por el retorno a su estado de origen. También como repatriados a México, pueden ser sujetos las personas enfermas y accidentados, los menores (por estancia o ingreso indocumentado) y menores infractores; pero no por causas de violación a leyes migratorias.

La política migratoria del Estado Mexicano en sus diferentes niveles de gobierno se encuentra regulada específicamente por dos legislaciones; la Ley de Migración y la Ley General de Población5, esta ultima señala en su artículo primero que la norma regulará los fenómenos que afectan a la población en cuanto a su volumen, estructura, dinámica y distribución en el territorio nacional, con el fin de lograr que participe justa y equitativamente de los beneficios del desarrollo económico y social; y que es el Ejecutivo Federal la autoridad que, por conducto de la Secretaría de Gobernación, dictará, promoverá y coordinará, en su caso, las medidas adecuadas para resolver los problemas demográficos nacionales.

En un análisis de la normatividad antes citada (relacionado al enfoque), resulta evidentemente trascendental el análisis del artículo primero, referente a estos problemas de la emigración mexicana a otros países y el retorno de los migrantes al país; se trata en los artículos 81 y 83, -en los que se señala respectivamente-, "Se considera como repatriado los emigrantes nacionales que vuelven al país", después de residir por lo menos dos años en el extranjero y que será la Secretaría de Gobernación la dependencia que estará facultada para coordinar de manera institucional las acciones de atención y reintegración de mexicanos repatriados, poniendo especial énfasis en que sean orientados acerca de las opciones de empleo y vivienda que hayan en el lugar del territorio nacional en el que manifiesten su intención de residir.

5Ley Publicada en el Diario Oficial de la Federación el 17 de enero de 1974, Texto vigente Ultima reforma publicada DOF 09-04-2012. Cámara de Diputados del H. Congreso de Unión. Secretaria General, Secretaria de Servicios Parlamentarios, Centro de Documentos, Información y análisis.

De igual manera, en la ley reglamentaria de esta misma, en su artículo 2186 menciona; la Secretaría a través del Instituto brindará el apoyo necesario para el traslado de los mexicanos repatriados a sus lugares de origen ... podrá suscribir, ya sea de manera directa o bien mediante acciones o acuerdos correspondientes con las dependencias de la Administración Pública Federal, Gobiernos Estatales y Municipales, así como organismos, instituciones y empresas de los sectores público, social y privado, los convenios de colaboración o coordinación que sean necesarios.

Y finalmente, en el capítulo quinto de dicha ley (artículo 84), apunta que dicha Secretaría, en coordinación con la de Relaciones Exteriores, podrá suscribir acuerdos interinstitucionales con otros países y organismos internacionales ... vigilará que en la recepción de mexicanos regresados por gobiernos extranjeros, se respeten sus derechos y se cumpla con los acuerdos internacionales en la materia ... para efectos de la recepción, la Secretaría promoverá acciones de coordinación interinstitucional para brindarles una adecuada recepción, poniendo énfasis en la revisión de su estado de salud, en la comunicación con sus familiares y apoyándolos en el traslado a su lugar de residencia en México.

Además, para la recepción de los mexicanos que regresan a territorio nacional, esas Secretarías deben coordinarse con otras instancias como el Sistema Nacional de Desarrollo Integral de la Familia, los gobiernos estatales y sus respectivos sistemas estatales para el Desarrollo Integral de la Familia, para establecer convenios y mecanismos de colaboración y coordinación para llevar a cabo las acciones en beneficio de los

---

6De la Ley General de Población de 1974, última reforma DOF 09-04-2012.

menores migrantes repatriados a fin de garantizar los derechos que les confieren las leyes.

Con base en ese marco jurídico, cabe señalar que las medidas que el gobierno mexicano lleva a cabo se enmarcan en el "Memorando de Entendimiento sobre Repatriación Segura, Ordenada, Digna y Humana de Nacionales Mexicanos" firmado en febrero de 2004 por México y Estados Unidos. Dicho memorando plantea "el deseo de establecer un marco general de referencia que contemple las acciones bilaterales específicas, integrales y coordinadas, así como procedimientos transparentes para realizar la repatriación de nacionales mexicanos de manera segura y ordenada, bajo criterios básicos y principios que reafirman y mejoran los procedimientos locales de las Dependencias Participantes para llevar a cabo la repatriación de nacionales mexicanos desde el interior, puertos de entrada y en la frontera de México y Estados Unidos".

Para llevar a cabo las acciones que demanda el programa de repatriación del gobierno mexicano se contempla la participación de varias dependencias tanto del gobierno federal -el responsable de la política de población en el país-, como de los otros niveles de gobierno y el sector privado y social. El número y diversidad de dependencias son tales, que podría afirmarse que prácticamente el Estado mexicano en su totalidad es el responsable –directo o indirecto-, de las acciones que demanda la atención de los compatriotas que retornan al país. Esto resulta claro, en principio, porque es todo el Estado mexicano el que de algún modo algo ha dejado de hacer, sobre todo en cuestión de desarrollo social y económico, situación que concluye en el fenómeno de millones de connacionales a salir del país. Consecuentemente, es mucho lo que debe hacer para resolver el reingreso de aquellos que han fracasado en su intento de radicar en los Estados Unidos, el país a donde se va la casi totalidad de los mexicanos.

Refiere el autor Francisco Alba (2011) la situación actual de las políticas públicas de México frente a la migración puede entenderse y comprenderse como producto de un doble legado: por un lado, el escaso involucramiento que arranca de los años de 1960 y, por otro, el intenso, pero fugaz, involucramiento durante las negociaciones migratorias de 2001, con la denominada "política de no tener política".

De acuerdo con la idea anterior, a pesar de la poca participación mercadotécnica que se le da a la cuestión migratoria de los mexicanos a Estados Unidos y su repatriación, hay instituciones del gobierno federal directamente involucradas son la Secretaría de Gobernación, la Secretaría de Relaciones Exteriores, la Secretaría de Desarrollo Social, la Secretaría de Trabajo y Previsión Social, y la Secretaría de Educación Pública, entre otras –que a través de sus dependencias como los institutos, subsecretarías o direcciones generales-, que atienden los aspectos relativos al registro de los nacionales detenidos en el extranjero, el ingreso a territorio nacional y la reinserción en sus lugares de origen. Entre esta diversidad, la más importante es el Instituto Nacional de Migración (INM), porque es a quien le corresponde materializar y coordinar todas las acciones relativas a los repatriados.

Ahora bien, en cada uno de los aspectos relacionados con la atención de los inmigrantes que reingresan al territorio mexicano, estos requieren en cada momento acciones específicas de diversa índole (como son la asesoría legal y protección en el extranjero, misma que necesitan cuando ingresan a territorio nacional; el cuidado médico y psicológico; la atención a necesidades inmediatas de alojamiento, alimento y transporte; y la colocación en el mercado laboral y capacitación en el lugar donde habrán de residir), para el cumplimiento de todas esas necesidades existen convenios que involucran también a las instancias de gobierno estatal y municipal,

38

al igual que a otras instituciones privadas y de la sociedad civil.

Entre las instancias del gobierno del Estado directamente involucradas, se encuentran, Desarrollo Integral de la Familia Estatal, las secretarías de Educación y Cultura y de Desarrollo Social, el Consejo Estatal de Población y la Comisión Estatal de Derechos Humanos. Y con respecto al gobierno municipal, que ha tenido que involucrarse debido a que es justamente por su territorio que ingresan al país los connacionales repatriados, se encuentran la Dirección General de Desarrollo Social, Desarrollo Integral de la Familia Municipal y el programa Coordinación de Atención para el Migrante. Aunado a ello las instituciones de la sociedad civil relevantes para la implementación local de la política para los repatriados, son los organismos Young Men's Christian Association (YMCA) en Ciudad Juárez, la Casa del Migrante, el Centro de Derechos del Migrante Paso del Norte y Sin Fronteras (ver cuadro siguiente)[7].

Instituciones que intervienen en el tema de los migrantes repatriados

Gobierno Federal	1.	Secretaría de Gobernación
	2.	Subsecretaria de Población, Migración y Asuntos Religiosos
	3.	Instituto Nacional de Migración

[7]Además de estas organizaciones de presencia local, participan también de la política de atención a las personas repatriadas instituciones académicas como El Colegio de la Frontera Norte, a través de su delegación en Ciudad Juárez, y la Universidad Autónoma de Ciudad Juárez. Algunas de las actividades que se llevan a cabo en estas instituciones basados en Convenios previamente establecidos son el intercambio de resultados en investigaciones realizadas (las cuales deberán ser publicadas) por parte de los alumnos que realicen su servicio social o prácticas laborales, así como la participación de estos en actividades (diplomados, cursos y conferencias).

	4.	Secretaría de Desarrollo Social
	5.	Instituto Nacional de Desarrollo Social
	6.	Secretaría del Trabajo y Prevención Social
	7.	Secretaria de Educación Pública
	8.	Desarrollo Integral de la Familia
	9.	Grupos Beta
	10.	Consulado Mexicano
	11.	Servicio Nacional de Empleo
Gobierno Estatal	1.	Secretaría de Desarrollo Rural y Equidad para las Comunidades
	2.	Desarrollo Integral de la Familia Estatal
	3.	Secretaria de Educación y Cultura
	4.	Consejo Estatal de Población
	5.	Comisión Estatal de Derechos Humanos
	6.	Coordinación Nacional de Oficinas Estatales de Atención a Migrantes (CONOFAM)
Gobierno Municipal	1.	Presidencia Municipal
	2.	Desarrollo Integral de la Familia Municipal (DIF)
Organismos de la Sociedad Civil	1.	YMCA – YMCA Ciudad Juárez.
	2.	Casa del Migrante
	3.	Sin Fronteras
Instituciones académicas	4.	Colegio de la Frontera Norte
	5.	Universidad Autónoma de Ciudad Juárez.
Organismos Internacionales	6.	Organización Internacional para los Migrantes.
	7.	Programa de las Naciones Unidas para el Desarrollo.
	8.	Consejo de Derechos Humanos.

Fuente: Elaboración propia.

Todas ellas son instancias que, por sus atribuciones y responsabilidades, tienen injerencia en la atención que demandan los repatriados. Sin embargo, entre todas, las más importantes son la Secretaría de Gobernación, el gobierno municipal, a través del INM y el CONOFAM, y las organizaciones de la sociedad civil, arriba mencionadas. En efecto, secretarías como SEDESOL la SEP, tienen un papel secundario en la política migratoria, que por ejemplo, en el caso de la primera de las mencionadas, suele reducirse a apoyos y proyectos productivos, para el desarrollo de organizaciones de la sociedad o la realización de estudios e investigaciones sobre el fenómeno migratorio en el país. Como lo es el proyecto de "Tres por Uno" un Programa que pretende ayudarle al migrante repatriado a su retorno al país en conseguir un empleo que le brinde los recursos para regresar a su lugar de origen o permanecer en la frontera, pero con una calidad de vida.

En el caso de otras dependencias estatales, por ejemplo la Comisión de Derechos Humanos, su papel es proporcionar la protección adecuada en el caso de las demandas por la violación de estos derechos. Es decir, aunque participan de la política migratoria como un todo, no son organismos encargados de ejecutar dicha política.

De este modo, en primer término la instancia responsable de la repatriación de los mexicanos, al igual que del bienestar de la población y su gobierno, es la Secretaría de Gobernación quien para ello se vale del INM8. El organismo que de acuerdo con el Reglamento Interior de la Secretaría de Gobernación en el capítulo primero, segundo artículo, inciso C refiere; los órganos administrativos desconcentrados siguientes y aquellos que correspondan por, disposición legal, reglamentaria o determinación del Presidente de la República ... Instituto Nacional de Migración ..., cuya adscripción y funciones deberán especificarse y regularse en el Manual de la Organización General de la Secretaría y, en su caso, en los manuales específicos de sus unidades administrativas y de sus órganos administrativos desconcentrados.

En cuanto dentro de las atribuciones del Instituto Nacional de Migración, como lo establece el Reglamento interino de la Secretaría de Gobernación, dicta en su manual, en el artículo cincuenta y cinco como "un órgano técnico desconcentrado que tiene por objeto la planeación, ejecución, control, supervisión y evaluación de los servicios migratorios, así como el ejercicio de la coordinación con las diversas dependencias y entidades de la Administración Pública

8De acuerdo a la Ley de Órganos Administrativos Desconcentrados, en su artículo 35, se dice que "para la más eficaz atención y el eficiente despacho de los asuntos de su competencia, la Secretaría contará con órganos administrativos desconcentrados que le estarán jerárquicamente subordinados". De esta manera y por el Art. 36, es la Secretaría la que tiene al Instituto Nacional de Migración como uno de los tantos órganos desconcentrados bajo su competencia.

Federal, que concurren en la atención y solución de los asuntos relacionados con la materia".

En tanto que el artículo 56 se le confiere "ejercer las facultades, que sobre asuntos migratorios, confieren a la Secretaría de Gobernación la Ley General de Población y su Reglamento y las que de manera expresa le estén atribuidas por otras leyes y reglamentos así como los decretos, acuerdos y demás disposiciones del Ejecutivo Federal"9.

Este instituto estará sujeto al Consejo Directivo y un Consejo Técnico, ambos de carácter intersecretarial, y sus funciones operativas como órgano administrativo desconcentrado de la Secretaría de Gobernación estarán a cargo de un Comisionado, quien será nombrado y removido por el titular del Ejecutivo Federal, por conducto del Secretario de Gobernación. Como unidades de apoyo al Comisionado, se establecen las coordinaciones de Regulación Migratoria; de Control y Verificación Migratoria; de Relaciones Internacionales e Interinstitucionales; de Delegaciones; Jurídica; de Planeación e Investigación y de Administración, así como las delegaciones regionales10.

El INM, fundado en 1993 como parte de una política pública ante el fenómeno migratorio de México a Estados Unidos y como compromiso ante el exterior y sus connacionales en el extranjero, es responsable de aplicar la legislación migratoria vigente, por medio de un sin número de disposiciones relativas tanto a la

---

9Los artículos mencionados son basados en las atribuciones que el Reglamento interior de la Secretaría de Gobernación otorga a cada órgano desconcentrado, en este caso el Instituto Nacional de Migración, los cuales en su quinta sección establecen las atribuciones del Instituto Nacional de Migración las cuales se mencionan vagamente en los artículos 55 y 56 ya citados.
10Artículo cincuenta y ocho, Atribuciones al Instituto Nacional de Migración.

migración de extranjeros al país, como a la salida y retorno de los nacionales del extranjero facilitando los flujos migratorios legales, fortaleciendo la gestión de regulación, controlando y verificando los flujos migratorios, promoviendo y garantizando el respeto de los derechos de los migrantes, y finalmente fortaleciendo y ampliando los grupos de protección a migrantes.

En lo relativo a la repatriación de los mexicanos, el INM lleva a cabo, entre otras, las siguientes actividades:

9. En cuanto a convenios: Elaborar y dictaminar convenios, acuerdos y bases de coordinación con dependencias y entidades gubernamentales y organismos no gubernamentales; coordinarse con las autoridades migratorias norteamericanas y la SRE, para la recepción de extranjeros e ingreso al país de connacionales deportados de los Estados Unidos;

10. En materia de registro de flujos migratorios: elaborar, aplicar y controlar los cuestionarios estadísticos de entrada y salida del país de nacionales y extranjeros residentes en el territorio nacional; llevar el control del movimiento migratorio de las delegaciones regionales del Instituto; entregar una identificación temporal (la FME 11) a los repatriados;

11. En cuanto a ayuda humanitaria: disponer de lugares de acogida para su alojamiento, alimentación y cuidados médicos inmediatos.

12. En materia jurídica: otorgar asesoría e información requerida por los connacionales deportados de Estados Unidos, así como

---

11 Forma migratoria aplicable únicamente con fines estadísticos para el mexicano residente en el país o en el extranjero.

establecer y definir los criterios de interpretación y aplicación de las disposiciones jurídicas aplicables, conforme a los lineamientos que para tal fin determine la Unidad de Asuntos Jurídicos de la Secretaría; intervenir, rendir informes previos y justificados en materia de amparo, e interponer recursos y contestar cualquier demanda, así como dar seguimiento y atender toda clase de procedimientos judiciales o contenciosos administrativos que competan al Instituto.

13. En cuanto a planeación y desarrollo: elaborar, diseñar, instrumentar y evaluar el programa integral de capacitación y desarrollo de los servidores públicos del Instituto y del personal adscrito a la Unidad de Verificación y Vigilancia; diseñar y aplicar el procedimiento de reclutamiento y selección de personal, de conformidad con lo que señale la Dirección General de Recursos Humanos de la Secretaría; diseñar, instrumentar, controlar y evaluar los programas en materia de informática, estadística y comunicaciones y realizar acciones orientadas a prevenir delitos previstos en la Ley General de Población".

Todo ello aparece descrito en el Reglamento Interior de la Secretaría de Gobernación en el Capítulo V, que refiere a todas las actividades realizadas dentro del Instituto Nacional de Migración.

Estas acciones las realiza a través de sus delegaciones regionales, en las que se instalan Módulos de Repatriación Humana, en los cuales se llevan a cabo estas medidas, para posteriormente enviarlos a centros de alojamiento o trasladarlos en coordinación con otras instituciones de gobierno o de la sociedad civil. En estos módulos, además, se llevan a cabo medidas de salud pública y control sanitario conforme a las políticas nacionales de salud 12 . Asimismo, además de los módulos, en las delegaciones regionales existen unidades del llamado Grupos Beta, un cuerpo de oficiales de migración especializado en tareas de protección a los migrantes nacionales. El Grupo Beta, al igual que la Dirección de Repatriación Humana, es responsable de mantener un estrecho seguimiento y registro de las personas repatriadas. Estas actividades, como se ha dicho antes, se llevan a cabo de manera coordinada con el gobierno municipal y las instituciones de la sociedad civil. Por tanto a continuación se describe el trabajo a realizar en las instancias de la sociedad civil, para finalizar de manera concreta en la política del gobierno municipal y en presentar un balance de los límites y alcances de las acciones de estas políticas.

La sociedad civil y el fenómeno de la repatriación.

Como se ha mencionado antes, la política de repatriación en lo que respecta al proceso de ingreso en el territorio nacional y reinserción social de las personas

---

12Durante la alerta sanitaria debido al Virus H1N1, se tomaron medidas especiales en los Módulos de Repatriación Humana. En ellos personal médico revisaba a cada uno de los repatriados provenientes de diferentes partes de Estados Unidos; también informaba sobre las medidas preventivas que debían llevarse a cabo para evitar contagiarse. Además de difundir los riesgos de la enfermedad mediante carteles y trípticos, les proporcionaban cubrebocas, guantes o gel antiséptico, de acuerdo con las medidas dictadas por la Secretaría de Salud. Así mismo, dichos módulos del INM establecieron contactos específicos con los hospitales de sus respectivas regiones, para enviar ahí a las personas que eventualmente lo necesitaban. El Instituto Nacional de Migración de la misma manera ha instalado a partir del año 2007 líneas de larga distancia en los diferentes puntos de la frontera donde se tiene un alto índice de repatriación para que los mexicanos que ingresan al país puedan comunicarse con sus familiares, o de igual manera sus familiares puedan tener la oportunidad de estar en contacto con ellos. En Ciudad Juárez, se instaló una línea en el 2008.

46

deportadas por Ciudad Juárez, se lleva a cabo mediante la coordinación entre las instancias del gobierno federal y las que tienen una base local (sean del gobierno municipal o de la sociedad civil).

En concreto se trata de cuatro organismos que intervienen en la atención a las necesidades de los connacionales una vez que han arribado a esta ciudad. Estos son las organizaciones de la sociedad civil Sin Fronteras I.A.P13, la YMCA, la Casa del Migrante y el Centro de Derechos del Migrante. Entre todas ellas se configura, como veremos adelante, el sistema de actores relevantes que influyen y determinan los alcances de lo que pudiera llamarse la "política local" de recepción de los inmigrantes mexicanos que han fracasado en su deseo de radicar en los Estados Unidos, y como consecuencia han sido objeto de la persecución y criminalización durante la última década.

Como se señaló anteriormente, las tareas concretas en relación a la atención de los repatriados consisten, en proveerles de sus necesidades más inmediatas, como son: alimentación, hospedaje, cuidados médicos y atención psicológica, asesoría legal, documentación y registro oficial, y traslado a sus lugares de origen, para quienes lo desean, o bien apoyo para los que optan por quedarse a radicar en la ciudad. A estas tareas, se suma propiamente, lo relativo a garantizar su seguridad y protección de posibles abusos por delincuentes e incluso de parte de autoridades. Pues, todas estas tareas son las que llevan a cabo las organizaciones mencionadas una vez que las personas

---

13Por medio de la Organización Popular Independiente, realiza actividades enfocadas a los grupos sociales marginados para fomentar la participación ciudadana y el desarrollo integral de las comunidades.

repatriadas han llegado a la ciudad y han sido registradas por las autoridades migratorias del INM.

Por lo tanto, se trata de tareas que ocurren una vez que los repatriados han abandonado el recinto de los Módulos de Repatriación Humana, que como se pudo señalar en el Memorando que le da sustento a la política de recepción, supone entre otras condiciones, verificar y cuidar que los inmigrantes lleguen en condiciones de salud, dignidad y seguridad.

En este sentido, cabe señalar que las dos principales organizaciones con trabajo en torno a los repatriados son la YMCA y la Casa del Migrante. La primera es una organización internacional con representación local. Conocida como la "GUAY", forma parte de la sección México, de una de las organizaciones internacionales de voluntarios más antigua del mundo, fundada en Londres, Inglaterra, en 1844, cuya misión es servir a los individuos, a las familias y a las comunidades, procurando su desarrollo físico, intelectual y espiritual.14 Sin embargo, en el caso de Ciudad Juárez,

---

14Actualmente tiene más de 45 millones de afiliados en más de 120 países. La YMCA México es una institución sin fines de lucro, laica, abierta a todas las personas sin distinción de religión, raza, nacionalidad o ideología política, que desde 1891 trabaja para transformar positivamente la vida de las personas sin distinción de ningún tipo. El trabajo de la YMCA se basa en el Desarrollo Comunitario, la Educación, la Integración Social y la Migración, además de poner énfasis en la Salud y el Deporte. Al respecto y aunque la misión de YMCA es "servir eficientemente a los individuos, a la familia y a la comunidad para su integración armónica en espíritu, mente y cuerpo, mediante programas creativos en sus medios, pero tradicionales en sus valores y su fin último, mismos que realizan voluntarios y profesionales en un movimiento laico que sustenta como guía práctica el principio: para que todos sean uno, manteniendo íntegro y acrecentando a la vez el acervo de conocimientos, habilidades, aptitudes y experiencias, así como los recursos materiales y financieros requeridos por la institución". Página electrónica de dicha instituciónhttp://www.ymca.org.mx/.

bajo la idea de que uno de sus objetivos es "coordinarse con otras YMCA's a nivel internacional en acciones de servicio a la niñez y la juventud", estableció un programa pionero (Programa Jóvenes Embajadores), en su tipo y de significativa importancia en las ciudades fronterizas mexicanas que reciben población migrante desde 1995. Toda vez que detectaron que el problema migratorio cada vez afectaba más a la infancia y la juventud, las instituciones ubicadas en de la frontera entre México y Estados Unidos optaron por brindar un hogar provisional gratuito a menores de ambos sexos procedentes de diversos puntos de nuestro país, o de Centroamérica, que en su intento por cruzar la frontera norte de manera ilegal son detenidos, arrestados y deportados a México por las autoridades migratorias de Estados Unidos. Para ello, mediante convenios previamente establecidos, el personal de las Casas YMCA acude a la garita fronteriza a recoger a estos menores que en ocasiones permanecen largas horas sin poderse mover del recinto migratorio para buscar alimento, agua o descanso.

El funcionamiento de la casa es proveer de un ambiente hogareño, seguro y digno que ayuda a los niños y niñas repatriados a enfrentar la dramática y desesperante realidad en la que se encuentran solos y completamente vulnerables en las agresivas ciudades fronterizas como Ciudad Juárez. En cada Casa YMCA, existe un matrimonio o familia anfitriona, que procura ayudar a que los jóvenes o niños recuperen la estabilidad emocional y física, atendiendo de forma prioritaria sus necesidades básicas de alimento, cuidado y salud. Posteriormente, una trabajadora social inicia el proceso de reunificación familiar mediante la poca, incierta o nula información que el menor proporciona cuando se le entrevista.

La permanencia de estos jóvenes en las casas varía de tres a ocho días, mientras se logra el propósito fundamental de reintegrarlos con su familia en su lugar de origen. Es importante señalar que resulta difícil implementar programas de largo plazo al ser los migrantes los beneficiarios. Sin embargo se hace lo mejor que se puede realizando pláticas educativas, coordinando actividades fuera del centro y supervisando el trato que reciben los menores durante el proceso de repatriación; mientras se mantienen relaciones estrechas y respetuosas con las autoridades gubernamentales.

En ese sentido también se han fomentado programas de servicio social con algunas universidades. Algo importante a señalar son las actividades que realizan los menores en las Casas YMCA mientras esperan a sus familiares. Además de apoyar en el aseo de la casa, tienen acceso a juegos de mesa, libros, televisión, y a salidas eventuales a centros comerciales o parques deportivos. Las casas YMCA se han diseñado con mucho éxito en un sistema de recepción y canalización de menores hacia sus hogares después de ser atendidos.

Además de la YMCA, se encuentra la Casa del Migrante, organización fundada por los Misioneros de San Carlos Scalabrinianos en el año 1985, cuyo ministerio da la acogida y hospitalidad hacia todo tipo de migrante, deportado y refugiado. Estos misioneros, además de Ciudad Juárez, tienen otras casas de atención en Tijuana (donde se ubicó la primera), Baja California; Agua Prieta, Sonora; Tapachula, Chiapas; y en Tecún Umán, en Guatemala. De hecho, dado que son ya varias las casas que funcionan, en diciembre de 1999 sus promotores formaron la Red de Casas del Migrante Scalabrini15.

Las Casas del Migrante funcionan como centros de acogida, donde se proporciona alojamiento, comida, apoyo espiritual, primera atención médica y defensa, orientación y promoción de los derechos humanos a hombres, mujeres y familias que por diferentes causas, se vieron en la necesidad de emigrar de su lugar de origen (de México o del extranjero), en busca de un mejor futuro y una vida digna, que como se sabe, muchos de ellos son deportados, víctimas de discriminación, maltrato y abusos de todo tipo. Actualmente, la casa recibe entre 250 y 300 personas cada mes, a las cuáles proporcionan atención. Todos los servicios son gratuitos y se puede llegar a ella directamente luego del registro de los repatriados por el INM, o bien con tan solo que el migrante acuda a alguna Iglesia católica para informarse sobre la localización de una Casa del Migrante (Navarrete, 2008).

En segundo término, pero no menos importante, es la colaboración de otras organizaciones. En este caso, "Sin Fronteras", que en cooperación con instituciones académicas como El Colegio de la Frontera Norte, se concentra en actividades de investigación,

---

15 Con la publicación del documento "El Clamor de los Indocumentados" como mensaje jubilar (en marzo del 2000) se oficializa el comienzo de esta nueva organización, que tiene como objetivo general el realizar una pastoral migratoria de conjunto entreestas Casas, trabajando en unión con otras organizaciones no gubernamentales e Iglesias, en la promoción integral de los Migrantes en su aspecto humano, cultural, social y espiritual. Así, para la Casa del Migrante, todo cristiano está comprometido a proporcionar ayuda humanitaria gratuita a las y los migrantes, tal y como nos pide el Evangelio "Fui forastero y migrante y ustedes me recibieron en su casa" (Mt. 25, 35) y como migrante, dice: eres el "rostro visible de Cristo", por eso "donde está el migrante que lucha y sufre, ahí está la Iglesia". También, por ello es importante señalar que "el trato respetuoso y digno a la mujer migrante", será siempre una responsabilidad nuestra. http://www.migrante.com.mx

reconocimiento y diagnóstico del fenómeno migratorio en la región. Se trata de una organización civil de escala nacional, creada en diciembre de 1995 por un grupo de activistas sociales y académicos, pero que tiene una representación local. Se trata de una organización sin fines lucrativos con la categoría de Institución de Asistencia Privada (IAP), cuyo cometido está basado en la convicción de que la migración es un fenómeno complejo y antiguo que debe ser abordado mediante políticas integrales y multidisciplinarias, con la participación de la sociedad civil. En ese sentido, además de tareas relativas a los estudios sobre la problemática, ofrece servicios a las poblaciones migrantes y se involucra activamente en la discusión sobre las políticas públicas y los programas migratorios.

Otra organización de la sociedad civil es el Centro de Derechos Humanos del Migrante, A.C., creado el 19 de noviembre de 2001, que nace en Ciudad Juárez con el objetivo de proporcionar a los migrantes nacionales y extranjeros, defensa y asesoría legal en los casos concretos de violación a sus derechos humanos en la calidad de inmigrantes. Además de ellos, busca crear y promover una cultura sobre los derechos humanos desde la Iglesia, para lograr que las personas migrantes sean respetados en sus derechos por la comunidad.

En años pasados se había puesto en marcha un programa llamado Coordinación de Atención al Migrante, por parte del municipio para brindar apoyo a este, sin embargo, después del 2009, no se tienen registros de la continuidad al apoyo monetario a las organizaciones civiles que se encargan de brindar el apoyo al migrante, y según estadísticas del Instituto Nacional de Migración se tiene contemplado que para el año 2014 el número de repatriados aumentará considerablemente a más de 310,000 repatriados, según la tendencia y los nuevos programas de repatriación vía aérea, por lo que el mismo Instituto ha decidido poner en marcha en todos los

puntos de recepción de migrantes mexicanos, un
programa "Somos Mexicanos". (Notimex, 2013)

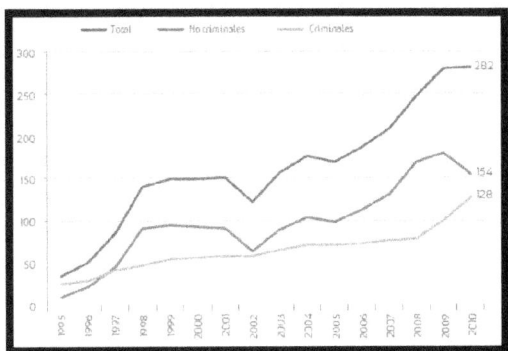

Gráfica por medio de la cual se pueden contar los miles de
deportados por año desde 1995 hasta el 2010, y la manera en
como ésta tiende a aumentar, pues según el Instituto
Nacional de Migración en México el total de repatriados en
el año 2013 fue de 310,000 personas. Fuente: Anuario de
migración y remesas 2013. Fundación BBVA Bancomer
con base en Yearbook of ImmigrationStatistics 1995-2010,
of the Office ImmigrationStatistics, U.S. Department of
Homeland Security.Datos:
http://www.dhs.gov/sites/default/files/publications/immigrat
ion-statistics/enforcement_ar_2011.pdf

Municipio de Juárez y la repatriación.

Si bien las autoridades municipales no son
entidades responsables de la política demográfica del
país (lo es por su competencia jurídica), es posible
encontrar gobiernos locales que asumen
responsabilidades más allá de las que estipula la
Constitución en el arábigo 115. Este es el caso del
gobierno municipal de Juárez, cuya cabecera principal,
cuenta con varios cruces internacionales con su vecina
ciudad, El Paso, Texas, y por consecuencia, ha sido

desde tiempo atrás unos de los principales cruces fronterizos entre México y Estados Unidos.

Debido a esta circunstancia, desde décadas atrás ha sido también el punto por el cual cientos de miles de mexicanos han retornado al país, cuando se endurece la política migratoria de los Estados Unidos. Los años noventa y la pasada década de este siglo XXI son ejemplo de ello, por consecuencia, tal como se indicó en el segundo capítulo, Ciudad Juárez es uno de los puertos por dónde han retornado un gran número de connacionales, de modo tal que ahora (como antes), ni la sociedad ni las autoridades locales pueden mantenerse al margen.

Ya se mostró como en cada momento, el flujo y reflujo de mexicanos hacia Estados Unidos o directamente hacia la ciudad, ha desatado discursos y alimentado percepciones sociales que enfatizan los bienes y los males que acarrean consigo los recién llegados.

En esta ocasión, los discursos ambivalentes de las autoridades locales, realzan el aporte cultural de los inmigrantes (como el flujo de veracruzanos que llegó a la ciudad en los años noventa), mientras que otros los miran con animadversión. Lo relevante ha sido la intervención directa del gobierno municipal en las tareas que demanda la atención a los migrantes repatriados. Y esto ha sido mediante la aprobación del programa Coordinación de Atención a Migrantes, durante la administración del presidente municipal José Reyes Ferriz (PRI, 2004-2010), quien con ello introduce un aspecto nuevo en los alcances y las motivaciones que tienen las autoridades locales para atender un asunto que no es estrictamente de su competencia.

Las tareas principales de este centro, aprobado mediante un acuerdo de Cabildo, consiste en apoyar el proceso de recepción de los repatriados, pero con una finalidad muy específica e inmediata. Para tal efecto, entre los apoyos que se llevarían a cabo, se encuentran:

1. Brindar un apoyo económico a las personas deportadas por esta frontera. Consistente en la compra de un boleto de transporte para que se trasladen a su ciudad de origen y en proporcionarles la cantidad de $500.00 pesos para que sean utilizados en viáticos durante el trayecto de retorno.

2. Canalizar recursos a la Casa del Migrante, para que los migrantes reciban, inmediatamente a su entrada al país, ayuda en sus necesidades básicas16.

3. Ofrecer el servicio de cambio de los cheques otorgados eventualmente por las autoridades norteamericanas a todos aquellos detenidos que portaban en el momento de su detención dinero en efectivo.

4. Brinda la posibilidad de efectuar llamadas telefónicas para comunicarse tanto a su lugar de origen, como con sus familiares que se encuentran en Estados Unidos de Norteamérica con la finalidad de informar cómo se encuentran.

Para llevar a cabo estas medidas, el gobierno municipal del Ayuntamiento de Juárez designó un

---

16El acta de cabildo de la sesión 16 del periodo 2007-2010 dice: Se aprueba la solicitud de apoyo económico a favor de FRAY ARTURO DIAZ MEJIA, en su carácter de Administrador de "CASA DEL MIGRANTE EN JUAREZ, A.C." por la cantidad de $30,000.00 (Treinta mil pesos 00/100 Moneda Nacional), mensuales, para poder sufragar los gastos que genera el funcionamiento de la asociación, que es precisamente la asistencia a migrantes que de paso por nuestra ciudad requieren apoyo en habitación, alimentación, vestido y diversos servicios, recursos que le será entregado mensualmente a través de la Oficina de atención a migrantes del Municipio dependiente de la Coordinación de Direcciones, en lo que resta del ejercicio fiscal del 2008, haciendo la primera exhibición dentro de los siete días hábiles siguientes a partir de la fecha en que se autorice por parte del H.Ayuntamiento el presente acuerdo.

presupuesto de tres millones de pesos en el año 2008 y siete millones en el 200917. En el año 2009, parte de esos fondos provinieron del gobierno federal a través de la Secretaría de Hacienda y Crédito Público, que en ese año creó el Fondo de Apoyo a Migrantes18 con 300 millones de pesos para distribuirlos entre un total de 563 municipios de 24 entidades del país.19 El objetivo de dicho fondo es que la persona que fue deportada logre "encontrar una ocupación en el mercado formal" y por lo tanto, pueda contar "con opciones de autoempleo; generar ingresos; mejorar su capital humano y su vivienda; y apoyar la operación de albergues que los atiendan y retornar a su lugar de origen, en su caso".

Sin embargo, a pesar de que de manera considerable la repatriación a través de la frontera El Paso-Ciudad Juárez ha disminuido a causa de los índices de violencia que se publican en los medios de comunicación, el apoyo por parte del gobierno municipal a través de este programa, ya no ha continuado con su soporte a los organismos civiles.

En este sentido, cabe señalar que existe cierta duplicidad entre las acciones que lleva a cabo el municipio y el gobierno federal, en este caso a través de la unidad Regional Juárez del Servicio Nacional de Empleo (SNE). Esta unidad es la encargada de otorgar apoyos tales como la compra de boletos de autobús y gastos de alimentación para que los migrantes se trasladen a sus lugares de origen. El apoyo asciende, si van a los estados de sur, a mil pesos, y si es a las entidades del norte, es de 500 pesos. La diferencia con respecto al municipio, es que a las personas apoyadas por

---

17Ver las finanzas del CAM de los periodos 2008 y 2009 en: http://www.juarez.gob.mx/
18Este fondo fue creado en el 2009. Ver http://www.shcp.gob.mx/EGRESOS/PEF/temas_gasto_fed/fondo_apoyo_migrantes/lineamientos_fondo_migrantes.doc
19http://www.elsiglodedurango.com.mx/noticia/247664.recortan-apoyo-para-migrantes-defiende-calder.html

SNE, en su estado de origen se les complementa con un ofrecimiento de empleo o con apoyos extras de mil o 500 pesos, dependiendo de cuánto se les haya dado en Ciudad Juárez. De este modo, los migrantes reciben hasta un máximo de 2 mil 200 pesos en total.

El único requisito para recibir ayuda, es que los solicitantes deberán contar con su papeleta original de migración, con una fecha de no más de un mes de atraso, misma que debieron haber obtenido al acudir a las oficinas de esta dependencia. Si el repatriado no se quiere ir de Ciudad Juárez, entonces se le brinda el apoyo por la cantidad de sólo 500.00 pesos, con la finalidad de que les sirva para establecerse dentro de la frontera.

Por otra parte, como se mencionó antes, otras dependencias contribuyen a la política de atención a los repatriados. En este sentido, la Secretaría de Desarrollo Social a través del Instituto Nacional de Desarrollo Social, suele brindar apoyo a las autoridades locales y organizaciones de la sociedad civil, como la Casa del Migrante, para que lleven a cabo sus actividades. Asimismo, la SEP ha implementado programas especiales que permite revalidar los estudios a los connacionales, o el sistema nacional del DIF, la cual ha dispuesto de apoyos a los gobiernos locales para dar albergue a los niños repatriados que llegan sin sus padres a México, además de que se encarga de la búsqueda de los familiares de los mismos. Una actividad en la que colabora la YMCA.

De acuerdo con lo anterior, una pregunta importante es ¿Cuántas personas han recibido apoyo de parte de las autoridades o las organizaciones de apoyo? Es difícil responder a esta cuestión. Sin embargo, con base en la información disponible, se puede decir que en el 2009, cuando arribaron a Ciudad Juárez, Chihuahua, 45,367 deportados:

1.   Un total de 13 deportados, recibieron apoyo de alguna institución con alimentación y alojamiento, es decir, el .002%.

2.   Se estima que el número de personas que han recibido el beneficio para trasladarse a sus lugares de origen es de cerca de uno de cada 4,200 migrantes repatriados por esta frontera. Es decir, hasta el mes de diciembre del 2009, aceptaron este tipo de ayuda del Ayuntamiento para regresar a sus lugares de origen, un total de 13 personas, de los 45 mil 367 deportados hasta ese momento[20].

3.   No está claro cuál fue el destino del resto de los migrantes, ya que no existen registros que puedan ofrecer luz sobre ello, aunque estimaciones del CONAPO sostienen que una gran proporción, cerca de 73 por ciento, se irá a sus lugares de origen, y un 27% buscará reingresar en los Estados Unidos[21].

4.   Estas cifras ofrecen una visión muy imprecisa de la situación de los migrantes deportados, pero, a juzgar por los testimonios que estos ofrecen y los registros periodísticos, se puede decir que la población atendida por las instituciones públicas y civiles presenta un importante déficit, así como importantes huecos para atender. En el caso específico de las personas que desean quedarse a residir en la frontera, por ejemplo, es claro que el dinero que reciben de apoyo es muy poco. Por tanto, preguntas sobre ¿cómo sobrevive?, ¿consiguen empleo?, ¿en qué lugares se aloja?, ¿quién los

20http://www.diario.com.mx/nota.php?notaid=2f06fa85e50d83e56a73b28bd7abdbbb
21Información recopilada de la página electrónica de la CONAPO http://www.conapo.gob.mx/index.php?option=com_content&view=article&id=324

ayuda y de qué manera? Son cuestiones difíciles de responder.

Por el contrario, como se describió, son muchos los indicios de que esas personas se encuentran en la ciudad en una situación muy difícil de vulnerabilidad. Muy probablemente, con dificultad logran acomodo en el empleo informal. En suma, pese a las medidas que se llevan a cabo, estas son insuficientes. Las limitaciones son no sólo para atenderlos, sino también para revertir la percepción social que los estigmatiza y convierte automáticamente en delincuentes. En este sentido, quizás valga la pena analizar el discurso y las actitudes de algunos de los principales de la política hacia los migrantes repatriados, específicamente del gobierno municipal.

Además de la aparente y obvia preocupación por el tema de la seguridad —un asunto que preocupa a todos los juarenses, debido a la ola de violencia que azota a la ciudad desde enero del 2008, y lleva ya más de seis mil personas asesinadas—, estas posturas reflejan una visión xenofóbica, localista e insensible que se escuda en una reivindicación de las supuestas "virtudes" del ser juarense y/o chihuahuenses, asumidos por definición como personas pacíficas, hospitalarias y productivas; y de una "imagen de la ciudad", tradicionalmente emprendedora y pujante. Es decir, se escuda "detrás de la falsa identidad de lo juarense". (Manuel Arroyo, 2008). Lo cual constituye "una inmadurez cultural por parte de la ciudad por parte de la región, [para] aceptar que en realidad somos una composición de muchos, de diferentes y con mucha riqueza" (Arroyo, 2008).

Con visiones como la anterior, se observa entonces que la ciudad, como antaño, mantiene un doble discurso frente a los inmigrantes; que niega su existencia como una ciudad de migrantes y ello se refleja en el desarrollo de la política hacia los repatriados. Aunque de manera muy limitada a estos se les ayuda, por un lado, pero la falta de sensibilidad en el discurso público de las autoridades los victimiza, convirtiéndolos en chivos expiatorios (Rubio, 2008).

Conclusiones parciales

Como referencia en este capítulo se abordó la situación que viven las personas de origen mexicano que habiendo migrado de manera indocumentada hacia los Estados Unidos, han sido detenidos en ese país y enviados de vuelta a México. Como objetivo central, el enfoque se ubicó en analizar las acciones que llevan a cabo los diferentes niveles de gobierno, particularmente el municipal, para acoger y dar atención a esos connacionales. Específicamente, las preguntas que se intentaron responder fueron ¿Cómo impactan las deportaciones en el caso de Ciudad Juárez? ¿Qué acciones se llevan a cabo desde los gobiernos federal, estatal o municipal o los organismos no gubernamentales interesados en los migrantes deportados? ¿Cuáles son los alcances y los límites de las acciones o políticas públicas para resolver la problemática derivada de las deportaciones?

Referente a ello, el texto dejó en claro que el impacto en la ciudadanía juarense con respecto al flujo migratorio, realiza un doble discurso relacionado a dicha coyuntura, debido a que se presentan programas que favorecen a los migrantes en la ciudad, pero las actitudes de la mayoría de la población los denigran como si fuesen delincuentes sin percatarse de los peligros a los cuales son vulnerables. Este grupo es sensible de ser violentados, de tal grado que se contabilizan como victimarios de la trata de personas, el tráfico de drogas y armas, el lavado de dinero, robo, secuestro entre otras actividades ilícitas que afectan la seguridad ciudadana y sobre todo fronteriza, pero que en lo particular, daña a

60

mujeres, niños, niñas, adolecentes, adultos mayores, enfermos, apátridas que van dentro del grupo migratorio.

No basta con la creación de asociaciones civiles y programas que les ayuden para su retorno a su lugar de origen, así como de nada sirve crearles un empleo temporal, cuando el daño generado en ellos va más allá de lo económico. Es por ello, que el problema migratorio debe atenderse desde la economía mexicana que fuerza a la población del centro del país a migrar a Estados Unidos. La privatización, en lugar de crear un bienestar nacional, ha sacrificado el empleo y la estabilidad interna, se deben reformar normas, de tal suerte, que el capital con el que cuenta el Banco Central y los préstamos que este ha obtenido a través del Banco Interamericano de Desarrollo, el Banco Internacional de Reconstrucción y Fomento, así como el Fondo Monetario Internacional deberían ser dirigidos a subsidiar las tierras, para que a base del sector primario, se pueda desarrollar el sector manufacturero e industrial de creación mexicana y no de importación extranjera.

Por ello, los tres niveles de gobierno, deberán mantener estrecha relación con el tipo de vida que los repatriados llevan después de pasar por el Programa de Repatriación Humana; la Secretaría Nacional de Empleo en colaboración con la Secretaria de Trabajo y Previsión Social, después de ser integrados a la sociedad en la frontera norte, una vez brindada la asistencia social a los migrantes, deberán permanecer atentos a estos y sus necesidades y en cooperación con este grupo identificar a las masas vulnerables a migrar a los Estados Unidos para implementar políticas públicas que promuevan la intención de partir a esta nación.

Sin embargo, para evitar el doble discurso del gobierno y la ciudadanía, hace falta la concientización en esta. La manera a resolverlo, es por medio de la colaboración social de los ciudadanos hacia con las asociaciones civiles encargadas de la atención al migrante. El gobierno municipal puede cooperar por medio de la publicidad televisiva y radiodifusora, eventos culturales y conferencias, basados en temas como la influencia del migrante en la ciudad, en el que se exprese la manera en que este ha sido victimizado y los medios por los cuales se les puede ayudar a evitar todo el peligro que ellos corren.

Por parte de las instituciones educativas de nivel superior, éstas a través de los convenios previamente establecidos con el Instituto Nacional de Migración en la realización de servicio social, prácticas laborales, deberá dar mayor difusión a las conferencias que realizan para que pueda asistir el público en general, auxiliándolo de eventos como la Feria del Migrante (donde solamente se dan a conocer personas de otros países que muestran sus culturas), debería de tomarse en cuenta al repatriado, ya que este cuenta con una transculturización – que con una correcta dirección, podrá expresar de manera simple y concreta lo que su grupo social asimila en ambos países de costumbres tan diferentes-, que podría exhibir por medio de exposiciones culturales en espacios públicos con la finalidad de sensibilizar a la Ciudad.

Aunado a ello el gobierno mexicano debería, por medio de sus representaciones diplomáticas establecer acuerdos que se cumplan al pie de la letra en el cual no se abuse de un poder financiero y prepotente, se debe de otorgar por medio de dichos contratos internacionales un medio de arbitraje, que sancione las actividades inhumanas que realiza el Estado Americano hacia el Estado Mexicano en materia de Derechos Humanos, en el cual se defienda al grupo migratorio, con el previo compromiso de México a mantener el control sobre el flujo migratorio.

Del panorama anterior, así como del análisis de las acciones gubernamentales sobre los repatriados existen un conjunto de factores de tipo institucional, cultural y estructural, que confluyeron circunstancialmente para reducir el alcance de dichas políticas, las cuales se abordarán de la siguiente manera:

Factores	Ventajas	Desventajas
Institucional (Todo ello con participación de los tres niveles de gobierno).	La implementación de: 1. Programa Repatriación Humana 2. Programa Tres por Uno 3. Programa Coordinación de Asistencia para el Migrante 4. Diálogo de Alto Nivel de las Naciones Unidas.	5. A pesar de la existencia de estos programas, el INM, no cuenta con el recurso financiero suficiente para apoyar del todo a los repatriados y es por ello que se les canaliza hacia la SNE que les otorga variadas oportunidades, parte del pasaje a su lugar de origen o una pequeña cantidad monetaria ($500.00 Moneda Nacional), para sobrevivir en la ciudad. 6. De nada sirve la participación de los países con alto grado de flujo migratorio como lo tienen

			Estados Unidos y México, si en reuniones tan importantes como las que se realiza a nivel internacional no se tocan temas como leyes migratorias o repatriación humana. Cuando países con un índice menor de migración han llevado a cabo programas de ayuda a migrantes que han tenido éxito, ejemplo de ello son Tailandia y la India.
		7.	A pesar de que los diplomáticos son representantes del pueblo mexicano en el exterior, siguen sin vigilar la seguridad de sus connacionales y solo asisten a reuniones internacionales de esta índole para no faltar al protocolo internacional.

64

Cultural (A ello se le puede asociar la creación de sociedades civiles que ha ayudado al migrante y las instituciones educativas de nivel superior.)	1. YMCA 2. Sin fronteras I.A.P. 3. Casa del Migrante 4. El intercambio cultural entre estudiantes y migrantes (en el servicio social ante estas sociedades y las instituciones públicas).	5. La ciudadanía en conjunto no tiene idea de la vulnerabilidad por la cual atraviesan los migrantes tanto al momento de pasar a Estados Unidos como en su repatriación. 6. Los migrantes son víctimas del crimen organizado y de la discriminación en su país, en el extranjero. 7. Por ello como factor psicológico el 50% que es deportado, no desea recibir asistencia por parte del INM y por ende, deambulan peligrando y convirtiéndose un foco rojo de la violencia ciudadana.
Estructural (Ayudados por la SNE, STPS, SE)	Los subprogramas derivados del programa Tres por Uno, que se dedican a brindarle un empleo a los repatriados una vez que se encuentran en su lugar de origen, con el objetivo de que estos sean capacitados para obtener un empleo o que inicien un negocio que genere puestos laborales. Sin embargo, en este ámbito, al país le falta mucho en	1. No se tienen subsidios en el campo. 2. No se cuenta con el apoyo laboral, educativo, residencial, alimenticio, sanitario, solo como básico

	estructura (vivienda, escuelas, hospitales, carreteras, centros recreativos, etc.), para que la población mexicana no migre a Estados Unidos.	para que este grupo permanezca en el país.
	3.	A pesar de las remesas y de proyectos para que se cobre un interés a las remeses que sirva de apoyo a programas estructurales, esto solo ha quedado en proyectos y se ha retomado la postura de los años 70's y 80's de ignorar la situación por la cual pasan los migrantes mexicanos.

La conjunción de tales factores, muestra, la derivación en una política ambivalente en el cual se les brinda asistencia social pero con una discriminación positiva en la cual se persigue la desvinculación de responsabilidad sobre los migrantes, de tal manera que se desaliente la continua migración a la frontera. Ante estas políticas, se observa también el desarrollo de un debate público local sobre las implicaciones sociales de la presencia de los deportados en Ciudad Juárez.

De un lado, se observan voceros de organismos empresariales que se hacen eco del discurso persecutorio, que mira a los retornados como potencial de peligro, a la vez que existen agrupaciones de la sociedad civil que colaboran sin mayor sentido crítico con la orientación de las políticas gubernamentales discriminatorias; mientras que se observan otros actores y agrupaciones que cuestionan el sentido de estas políticas.

De este modo, como resultado de esta tesis surgieron algunas reflexiones y se visualizaron un conjunto de acciones que podrían contribuir a mejorar la situación que enfrentan quienes lamentablemente han tenido que emigrar a Estados Unidos y ahora se encuentran de nuevo en México, pero en condiciones de vulnerabilidad y riesgo. Por lo que es necesario replantear el quehacer social y político de todos los niveles de gobierno, en especial los locales en relación con la migración.

Gobierno	Social	Político
Federal	Educar a través de los medios de comunicación a la población en general, a dejar de lado la posibilidad de migrar ilegalmente a Estados Unidos. Por ese mismo medio, a través de las noticias o la presentación de series o documentales, mostrar el lado denigrante que los migrantes sufren debido al doble discurso ciudadano y político. Analizar la política económica que se tiene, para dirigir un 15% del PIB al DIF y al INM, con el propósito de que estas dependencias le den un trato digno y ayudar a estos a su reintegración a la sociedad mexicana.	Modificar la ley de inversión extranjera, la ley de sociedades mercantiles, para que así otros países dejen de tener mayores beneficios que los mismos mexicanos. Utilizar parte de los préstamos internacionales para subsidiar el desarrollo campestre e industrial bajo la patente mexicana y no la extranjera (esto con el motivo de ayudar a los mexicanos, sobre todo a aquellos que son víctimas del deseo de migrar por una vida mejor). En cuanto a su relación bilateral con Estados Unidos, crear un organismo de arbitraje o establecer oficialmente a uno a nivel internacional que orille de buena fe a ambos Estados a cumplir con los convenios realizados en materia migratoria, sobre todo en aquellos en los que se habla de repatriación humana.

		Dirigir parte del ingreso de las remesas a programas de repatriación para que los mexicanos una vez que reingresen al país cuenten con los recursos suficientes para retornar a su lugar de origen y obtener la oportunidad de trabajo sin complicaciones.
Estatal	Lanzar convocatorias en las cuales se estimule a la ciudadanía a crear una política pro-migrante en la que ayuden a estos a no trasladarse a Estados Unidos a través de proyectos laborales, así como de programas que apoyen a los repatriados que retornan a México. Educar a las instituciones públicas que atienden a los repatriados en brindarles una atención especial (debido a que estos tienen cierto tiempo sin saber cómo se maneja el sistema mexicano). Difundir por medio de las radiodifusoras, periódicos y televisoras comerciales sobre los programas que en el estado se realizan para el desarrollo económico de su entidad y los medios por los cuales pueden acceder a ellos.	Del monto destinado a la creación de asociaciones civiles, pedir como mínimo, la atención a migrantes en 3 de estas, de tal suerte que se especialicen en asistir al migrante y mantener una investigación en 4 factores (psicológico, social, legal, económico). En cuanto al DIF, de los recursos obtenidos por el gobierno federal, iniciar un departamento que se haga cargo de la intercomunicación con las dependencias que se encuentran en otros estados, para localizar de manera rápida a los familiares de los repatriados y mantener contacto con estos para supervisar la asimilación de estos a la sociedad mexicana. Vigilar que la relación de las ciudades hermanas (localidades situadas en las fronteras), realicen convenios que favorezcan a los migrantes y no que los perjudiquen (ejemplo: Ley SB1070).
Local	Realizar eventos culturales en los cuales tengan contacto los repatriados con los ciudadanos de las localidades que reciben a migrantes.	Pedir a las sociedades civiles una mayor crítica en cuanto a las actividades relacionadas y una actualización referente al trato que se le debe dar al migrante con respecto a la

Hacer conferencias en las cuales se publiquen las investigaciones realizadas en cuanto al flujo migratorio, y los factores que perjudican a este sector, mostrando soluciones en las cuales la ciudadanía puede participar. Motivar a todos los migrantes a que se registren en los programas que los ayudan (PRH, Programa Tres por Uno, Programa de Coordinación de Asistencia al Migrante). Que las instituciones educativas de la ciudad participen en conjunto con las de El Paso y transmitan los documentales en horas recreativas en sus canales locales como medio de educación a la población juarense, para que tengan ese sentido de concientización, de que la mayoría de los juarenses son migrantes o descendientes de migrantes.	situación que se vive en el momento dentro de la ciudad (violencia). Modernizar las políticas migratorias de acuerdo a la situación económica del país y conforme al mantenimiento de las relaciones bilaterales entre las ciudades hermanas (ya que es un punto clave de la repatriación humana). Establecer convenios con las universidades locales para la prestación de servicio social y la investigación en el tema, de tal suerte que estos avances se publiquen y la ciudadanía tenga mayor conocimiento de lo que sucede en el ámbito migratorio. Retomar el programa Coordinación de Ayuda al Migrante y adaptarlo al nuevo programa de "Somos Mexicanos" que el Instituto Nacional de Migración está desarrollando para el año 2014.

Esto se logrará cuando los tres niveles de gobierno (Federal, Estatal y Municipal) en colaboración con las organizaciones internacionales y las asociaciones civiles den énfasis a los programas actuales que han desarrollado en las reuniones de alto nivel en la Organización de las Naciones Unidas, en la Organización Internacional para las Migraciones y en los acuerdos bilaterales sobre la reinserción social de los migrantes mexicanos, ofreciéndoles la oportunidad de obtener un patrimonio, dándole la difusión necesaria para que los repatriados y todos aquellos con intención de migrar, difieran de ello y permanezcan.

Se sabe que en la actualidad el factor económico y social (seguridad) no favorece, sin embargo, Estados Unidos de Norteamérica en lo que refiere al primero de los antes mencionados, se encuentra en una situación similar, misma que produce políticas de repatriación masiva, lo anterior, con el objetivo de solventar problemas dentro de su economía, es por ello, que México a través todos los préstamos obtenidos deberá agregar a su reforma estructural un marco jurídico dentro del cual el Instituto Nacional de Migración pueda acceder a financiamiento federal dentro de los programas de reinserción migratoria al país, con el objetivo de estabilizar la economía y sociedad mexicana por el aumento poblacional y la falta de recursos para un desarrollo nacional en sus tres niveles de gobierno. A manera tal que beneficie la relación bilateral que tiene hacía con Estados Unidos disminuyendo las causas de la migración, y con ello obtener facilidad de negociación con resultados internos.

Finalmente, el presente capitulo se enfocó a una parte de una problemática que es vasta y compleja de la cual pueden destacarse un conjunto de aspectos y cuestiones específicos que serían de gran interés seguir analizando. Algunos de ellos son:

1. Programas dentro de Estados Unidos de Norteamérica que certifiquen a los migrantes dentro de las actividades realizadas, para que al momento de ser repatriados cuenten con una certificación que los califica con experiencia en algún sector económico, en el cual puedan seguir participando activamente una vez retornados a suelo mexicano, sin perder estos el tiempo en la búsqueda de un empleo, y el

gobierno sin correr riesgo de que estos mismos regresen. Esto con el motivo de que la SNE en conjunto con la SNTP - los cuales han desarrollado programas de capacitación laboral para aquellas personas repatriadas que los certifican-, pero si esto se puede realizar desde que son repatriados para ubicarlos rápidamente a un sector laboral, dinamizaría todo el proceso a beneficio del migrante.

2. Mayor difusión a las actividades realizadas por parte del gobierno como el programa Tres por Uno, que le otorga el apoyo económico al migrante para que consiga un empleo, se le beque en la capacitación para adquirir una labor, o que inicie su propio negocio según la experiencia que este tenga en el ramo. Esto, con enfoque a los migrantes que se encuentran en el exterior y que son propensos a ser deportados, para que al entrar a México se asimilen con rapidez a la sociedad mexicana a través del conocimiento previo de estos programas.

3. Desenvolvimiento social y cultural entre la ciudadanía mexicana y los grupos vulnerables migrantes, en los cuales se pueda observar a través de las artes las situaciones por las cuales han pasado, la manera en cómo estos se han defendido y como han perseverado y como se han asimilado al sistema mexicano una vez retornados. Con la realización de filmes, exposiciones de pintura, canto, orfebrería, conferencias, etc. Esto a través de las asociaciones civiles que tienen un lazo estrecho con los migrantes y que tienen la facilidad de guiarlos en la representación de sus necesidades hacia la ciudadanía mexicana.

4. Y lo principal de todo, divulgar a través de los canales de televisión, radio, periódico y por

medio de los sitios de internet, la manera de prevenir la migración y los beneficios de disertar de estas ideas. Con programas que subsidien el campo que brinden mayor oportunidad de empleo (sin que este sea temporal), de tal suerte que el recurso económico obtenido de esta fuerza laboral pueda brindarle a la familia de un migrante (a las familias mexicanas), un bienestar que no los incentive a migrar a Estados Unidos de manera ilegal para obtener un trabajo. Que demuestre que el tipo de nivel social que desarrollan en México es similar al que tendrían en los Estados Unidos de Norteamérica, si estos migraran, con la diferencia de que estarían al derive de ser deportados y maltratados. Guiarlos a que si estos desean visitar a sus familiares en dicho país, lo pueden hacer de manera legal.

III. La migración de retorno y sus efectos sociales

Dentro del presente capitulo se expondrán los antecedentes de la migración en la región de Ciudad Juárez y El Paso. De una manera muy rápida y sintética, se muestran los flujos y reflujos de la migración de mexicanos hacia los Estados Unidos y de los efectos que en cada coyuntura histórica se han manifestado en la ciudad. Asimismo de esa visión panorámica, se desprende la constatación de que los efectos que provoca la migración en la ciudad guardan una extraordinaria continuidad a través de los años. En cada coyuntura se manifiestan dos discursos en apariencia congruentes pero contrarios entre sí. De un lado, el que sostiene que los inmigrantes requieren ayuda humanitaria y su presencia beneficia a la ciudad; del otro, que constituyen un problema social debido a su impacto en la demanda social de servicios de salud, educativos, infraestructura urbana, etcétera, lo que significa riesgos potenciales.

Como parte de este recorrido histórico, se describe también a grandes rasgos la problemática en relación con los mexicanos que regresan al país a través de esta frontera, al igual, de una manera sucinta los discursos que su presencia provoca entre diversos actores sociales. En ese sentido, se destaca el discurso público adverso hacia los retornados y la circunstancia de que siendo Ciudad Juárez un conglomerado que debe su crecimiento a la inmigración, ha encontrado en los inmigrantes un culpable de la violencia que ahora azota a la ciudad.

a) Los flujos migratorios y el discurso socio-político.
Los antecedentes de la inmigración a Ciudad Juárez, particularmente proviene del retorno de mexicanos deportados de los Estados Unidos, inicia propiamente con el establecimiento de las bases de la actual política de control migratorio de los Estados Unidos,

ocurrido hacia principios del siglo XX, ese país decide imponer restricciones al ingreso de mexicanos entre otros extranjeros, de diversas nacionalidades. Durante esta época, al igual que en la actualidad, muchos connacionales optaban por migrar en busca de mejores condiciones de vida. Esto ocurría a pesar de que el gobierno mexicano intentaba retenerlos a través de medidas como la creación de Zonas Libres en las principales localidades fronterizas, pensadas para estimular el comercio y atraer la inversión de capitales extranjeros (Martínez, 2009), pero que tenían el efecto de ser un aliciente más para atraer al norte a mexicanos de otras regiones del sur de México.

El desplazamiento de mexicanos hacia el norte del país y sur de Estados Unidos, desde entonces, fue incontenible durante las dos últimas décadas del siglo XIX y la primera del XX. Impulsados tanto por el establecimiento de las líneas ferroviarias entre ambos países y a lo largo del suroeste norteamericano, como por la expansión de las actividades primarias en ambos lados de la frontera, los mexicanos procedentes del sur contribuyeron al crecimiento no sólo de las ciudades fronterizas mexicanas, sino también de sus vecinas como El Paso, Texas, colindante con Ciudad Juárez[22].

Pero con la crisis económica a mediados de la primera década en Estados Unidos, hacia 1907, este país determinó cerrar su frontera y provocó con ello la primera oleada de retorno de connacionales a México. De ese primer momento, en consecuencia, datan las primeras expresiones discursivas y políticas en torno al regreso de los mexicanos a su país. Se trató de

---

22 Los chicanos radicados en El Paso, Texas no se vieron beneficiados por la boyante economía de la ciudad. Por ejemplo el barrio Chihuahuita era de los más pobres y carente de servicios, sin que se hiciera mucho para mejorar la situación de los que allí vivían. El Paso en 1910 tenía más de 10 mil chicanos y era de las ciudades con más mexicanos.

74

expresiones que se sumaron -o recogieron-a las ya vertidas por los habitantes de Ciudad Juárez acerca de los inmigrantes del sur de México que continuaban arribando a la ciudad para cruzar la frontera y más tarde, al no poder hacerlo, debían quedarse en ella.

Ante esa situación, el gobierno mexicano intentó varias medidas que buscaban, de un lado, desalentar que llegaran a la ciudad más personas procedentes del sur de México, y del otro, alentar a los connacionales repatriados a trasladarse a sus lugares de origen al sur de la frontera. Para unos y otros, las autoridades en ese entonces ofrecían conseguirles empleo. Para ello se valían de los medios impresos de la época (por ejemplo, El Clarín del Norte), en donde además se advertía a las personas de otras partes de México de no viajar a la frontera norte porque la demanda de servicios en el país vecino había disminuido.

Específicamente para los trabajadores mexicanos que regresaban de Estados Unidos sin dinero y en medio de carencias, luego de haberse empleado en los ferrocarriles y en la minería, el gobierno mexicano prometía a través de su consulado en El Paso dotarles de alimentación y transporte gratuito para internarse al sur del país. Similares apoyos se prometían para quienes desearan trasladar a sus familias hacia México desde diferentes lugares de la Unión Americana.

Ejemplo de estas medidas fueron también la colocación de carteles en ciudades del centro de México como Guanajuato en los que se informaba de la precaria situación prevaleciente en Ciudad Juárez, para de esa manera desanimar a los que deseaban emigrar. Es así que hacia 1910 se presenta quizás por vez primera un discurso que mira con recelo y desconfianza a los trabajadores retornados que se amontonaban en las calles céntricas de la ciudad. Esto ocurre en voz del cónsul mexicano en El Paso, quien declaró "si esto continúa, en poco tiempo (los emigrantes) se volverán un peligro real para la seguridad pública". En esa ocasión el gobierno federal logró conseguirles empleo a cerca de 200 personas fuera de Ciudad Juárez, llevando a cabo con ello lo que pudiera decirse, representó un reingreso afortunado al país de esas personas favorecidas.

A partir de entonces, en coyunturas muy específicas, volverán a presentarse situaciones semejantes siempre relacionadas con periodos de contracción o cambio estructural de la economía norteamericana, que dieron lugar a modificaciones sustanciales en la política migratoria de Estados Unidos. Sin embargo entre los años de 1910 y 1920, el tema de los retornados no alcanza la magnitud del problema, pues en esa década la economía norteamericana se recupera, dando impulso a una migración en abundancia hacia ese país. Durante ese periodo se produjo una emigración en masa. Los registros de migración de los Estados Unidos muestran que cerca de 23 mil personas emigraron por Ciudad Juárez tan sólo en 1911. Un factor que coincidió con el desarrollo del sudoeste de los Estados Unidos, por lo que se piensa que la mitad de los mexicanos residentes en Estados Unidos habrían llegado en ese periodo. Entre 1910 y 1919 habrían ingresado 173 mil 663 mexicanos.

No por ello dejó de avanzar la política de control y restricción del gobierno norteamericano hacia los mexicanos. Así, mientras crece el flujo de migrantes al norte, hacia 1916 se tornan más severos los controles fronterizos, que dieron lugar a un sin número de actos racistas y ultrajantes hacia los mexicanos, justificados por motivos de salud pública. Exigían un examen físico cuidadoso que garantizara la seguridad de que los emigrantes no se convertirían en una carga pública. Las condiciones de aglomeración e insalubridad en que vivían los emigrantes, le preocupaba a los funcionarios en El Paso. Entonces se les obligaba a bañarse en una mezcla de gasolina y vinagre. Posteriormente les aplicaron a los emigrantes otras medidas administrativas, como pagar ocho dólares por cabeza, hacer un examen de escritura y lectura y tener pasaporte.

Hacia 1917 y 1918, se establecen nuevos controles reglamentarios para impedir el ingreso de mexicanos a Estados Unidos, y desalentar su estancia en ese país y motivar su retorno voluntario. Fue el caso de Ley de Conscripción aprobada por el congreso de los Estados Unidos en 1917, que aunque legalmente no podía obligar a los extranjeros a servir en las fuerzas militares, la mala información generó que muchos mexicanos regresaran a México. Pero su efecto fue poco significativo, ya que por otro lado la escasez de mano de obra durante los años de la Primera Guerra Mundial obligó a modificar los reglamentos de migración existentes, permitiendo así que miles de mexicanos ingresaron a trabajar en Estados Unidos. Las pruebas de lectura y escritura, y el impuesto por cabeza de ocho dólares, por ejemplo, que contemplaban las disposiciones migratorias se suspendieron mientras duró el conflicto internacional y así fue hasta 1921.

En este ambiente muy propicio para el ingreso a Estados Unidos, el problema en Ciudad Juárez, y también en la vecina ciudad de El Paso, se concentró en los inmigrantes que provenían del sur de México, que crecían en número esperando en ambos lados de la frontera el momento para ingresar en el interior de los Estados Unidos.

Para aliviar la precaria situación y la insalubridad en que se encontraban la mayoría de esas personas, en ambos lados de la frontera se formaron comités de beneficencia pública integrados por autoridades y organizaciones filantrópicas de diversa índole. Estas organizaciones se dedicaban a ofrecer alimento y ropa a los inmigrantes "hambrientos y desesperados" para aliviar su situación23. De esos años, también aparecen otros males que afectarán desde entonces hasta el presente a los inmigrantes, como el ser víctimas de engaños y abusos por parte de delincuentes y autoridades sin escrúpulos. Es por tanto en esta época, cuando aparecen grupos sociales específicos como los comerciantes de El Paso y de Ciudad Juárez, que se quejan ante sus respectivos gobiernos de que los inmigrantes agobiados por la pobreza constituían una grave amenaza para la región.

Así pues en esos años se configura un esquema de llegada y recepción de los inmigrantes en el cual, de un lado, autoridades y sectores sociales acomodados conciben a los inmigrantes como un problema al que se debe dar salida a través de la beneficencia, y por otro, como un potencial peligro social para la región al que urge darle salida acortando su estancia en la ciudad. En Ciudad Juárez, los comerciantes deseaban que el gobierno federal desalentara la inmigración mediante campañas educativas para disuadir a las personas de que se dirigieran a la frontera.

En las décadas siguientes este esquema se afianzará. En los años treinta, el flujo de inmigrantes cambió nuevamente de dirección, ahora de norte a sur debido a la gran recesión que abatió a la economía norteamericana y al resto del mundo. Pero lo que no cambió fue el sentido discursivo y práctico con que la sociedad local empezó a responder desde hacía una década al fenómeno migratorio, o mejor dicho, lo que para los habitantes juarenses representaban los contingentes –en esta ocasión- de mexicanos repatriados, expulsados por la falta de trabajo y la persecución de que empezaron a ser objeto en los Estados Unidos, tanto por autoridades y grupos racistas que los culpaban del

---

23Para tener una idea de la situación, obsérvese que entre 1921 y 1930 emigraron legalmente 436 mil 733 personas de las cuales al menos la mitad habría cruzado por Ciudad Juárez.

desempleo y la crisis. A medida que la economía empeoraba, fueron víctimas en los Estados Unidos sufriendo de ataques porque la población suponía, que agotaban los fondos públicos al usar los servicios de beneficencia y hubo quienes llevaron este ataque al plano racial, calificando de "extranjeros" a todos los individuos de ascendencia mexicana y proponiendo su expulsión del país.

Entre 1929 y 1935 fue justamente cuando se presenta el primer regreso "voluntario" y "obligado" de alrededor de medio millón de personas de origen mexicano, en calidad de deportados o repatriados (Martínez Oscar de 1982, 34) a la vez que Estados Unidos vuelve a endurecer el ingreso a su territorio. De nueva cuenta, la presencia de inmigrantes en las calles genera malestar y la policía municipal con frecuencia emprendía campañas para expulsar a los mendigos de las calles céntricas. Cientos de repatriados llegaban diariamente a Ciudad Juárez, una ciudad que se veía duramente impactada por un fenómeno de escala internacional y mundial. Los trabajadores retornados – como antaño-, a menudo recibían asistencia de grupos caritativos, ya que mientras las dependencias gubernamentales ofrecían apoyo a los mexicanos para trasladarse a la frontera, una vez en Ciudad Juárez los recursos eran insuficientes y muchos de ellos se veían obligados a quedarse por no haber transporte suficiente hacia el interior del país.

Por añadidura, esta vez el tema de los deportados se convierte también en objeto útil para el lucro político. Los connacionales fueron expuestos como un pretexto para dirimir las divergencias entre los gobiernos local y federal sobre recursos para la región, así como para resaltar la preocupación del gobierno federal acerca de las carencias y necesidades de esos compatriotas. Mientras que el gobierno municipal, en ese sentido, decía agotar sus escasos recursos en mantener a los inmigrantes y en solicitar ayuda a la Secretaría de Gobernación y de los gobiernos de otras entidades federativas –para frenar el flujo migratorio hacia el norte-, autoridades federales en la ciudad resaltaban las acciones que llevaban a cabo para ayudar a indigentes, repatriados y deportados que se encontraban en Ciudad Juárez (El Continental, 1933).

La misma situación volverá a presentarse una década después. La ciudad será impactada por la llegada de inmigrantes procedentes del sur, esta vez atraída por la aplicación del Programa Bracero, que acordaron los gobiernos de México y Estados Unidos en 1942 y que habría de durar hasta 1964, mediante el cual los mexicanos podían trabajar temporalmente en los ferrocarriles, agricultura y procesamiento de comestibles del vecino país. Y posteriormente, será impactada de nueva cuenta por el final de ese programa, que trajo como consecuencia del retorno obligado o voluntario de cerca de 4.7 millones de mexicanos24.

Para el año de 1949 la superficie de campos agricultores había ascendido, por lo cual agricultores estadounidenses tuvieron la necesidad de importar mano de obra extranjera mexicana, la cual les resultaba más barata, por lo que muchos externaron sus opiniones en el sentido de que, si no era posible obtener trabajadores mexicanos legalmente, lo harían ilegalmente, lo cual trajo como consecuencia años más tarde el retorno de un millón de ilegales por medio de la operación Espaldas Mojadas, incrementando así la vigilancia y los guardias fronterizos que capturaron a mas de dos mil ilegales por día. Estos, eran trasladados en autobuses o vagones de tren lo más al sur posible para evitar que regresaran. Más de 750 mil fueron arrestados y expulsados durante el año de 1954, lo cual creó problemas extraordinarios en

---

24A decir de Oscar Martínez hay inconsistencias y limitaciones en los datos vertidos por el Servicio de Naturalización y Migración de Estados Unidos, sin embargo son cifras aproximadas.

México, pues los campesinos no sólo eran los más desposeídos, sino que cada vez había menos. Sin embargo entre 1942 y 1957, el total de trabajadores contratados y de "espaldas mojadas" aprehendidos, arroja una cifra aproximada de siete millones.

En esas coyunturas, como antes, la política oficial del gobierno mexicano consistió en medidas tendientes a lograr la reincorporación de los mexicanos al país, permitiendo a los connacionales importar sus pertenencias personales y las herramientas de su trabajo sin pagar impuestos, ofreciendo transporte gratuito al interior del país y prometiendo empleos y tierras gratuitas o a bajos costos. A este tipo de medidas, se sumaron otras de gran envergadura, pensadas más en ofrecer una salida de largo plazo a través de programas de desarrollo regional destinadas a aprovechar las ventajas competitivas de la frontera, potenciar la integración económica, desarrollar el mercado nacional y con todo ello retener a los mexicanos que querían migrar a los Estados Unidos y ofrecer una alternativa a quienes regresaran de ese país. Me refiero a los programas Nacional Fronterizo (PRONAF) e Industrial Fronterizo (PIF), creados a mediados de los años sesenta25.

Sin embargo esos propósitos, como se puede apreciar ahora, no se lograron. Para entonces, era claro que con los años se había consolidado un flujo migratorio irreversible. En esa década fue evidente que una forma de migración había alentado otra. Muchos de los trabajadores retornados al concluir el programa que los llevó a Estados Unidos, habían creado lazos familiares en ese país, de manera que una vez repatriados a México, en lugar de trasladarse hacia sus lugares de origen, se quedaron en las ciudades fronterizas, como

---

25El PRONAF se creó con la finalidad de elevar el nivel económico, urbanístico, funcional y cultural en todas las poblaciones fronterizas de México, por su parte el PIF surgió como oposición al escenario de desempleo creado por el fin del programa de braceros.

Ciudad Juárez, con el fin de intentar el reingreso al vecino país. Muchos de ellos habrían de engrosar la llamada población flotante de Ciudad Juárez, otros a la larga se quedaron a radicar, provocando con su presencia en la ciudad las mismas acciones, preocupaciones y discursos discriminatorios de antaño.

Si bien el Programa Industrial Fronterizo (PIF) daría acogida a un gran número de los repatriados de entonces. El Programa Bracero contribuyó al establecimiento y fortalecimiento de las redes sociales migratorias, que a partir de entonces propiciaron un incremento significativo de la migración indocumentada, que no tardaría en ser estigmatizada bajo la forma de la criminalización del migrante (Delgado, 2004). En esas circunstancias, la migración, no sólo estaba lejos de detenerse, sino que posibilitó y reforzó a los empleadores estadounidenses para continuar empleando fuerza de trabajo mexicana barata.

En las décadas siguientes observamos ya una desbordante migración generalizada hacia Estados Unidos, estimulada no sólo por las redes migratorias establecidas, sino de manera fundamental por la propia transformación de la estructura social mexicana. México se adentra más en políticas de expansión económica, privilegiando el sector industrial en las ciudades, lo que impactaría negativamente al campo mexicano, sobretodo, a partir de los acuerdos en los ochentas para ingresar al GATT (Acuerdo General sobre Aranceles y Comercio). La promulgación de la Ley sobre Reforma y Control de la Inmigración (IRCA), en 1986, obligó al gobierno mexicano a reflexionar sobre sus posiciones y actitudes. Sin embargo, las posiciones mexicanas continuaron basándose en el supuesto de que la migración era inevitable y no se hizo ningún intento significativo para diseñar políticas públicas que buscaran revertir las condiciones económicas y sociales que propiciaban la emigración. El cambio de la política del desarrollo en la década de los ochenta ignoró el fenómeno migratorio. Enfrentar la migración no fue parte del nuevo proyecto nacional de apertura económica.

Entonces se firmó el Tratado de Libre Comercio de América del Norte (TLCAN), que fue visto como una respuesta para contraer la migración de México hacia Estados Unidos. Se esperaba que el TLC generaría más trabajos y menores salarios en México, lo cual, podría reducir las presiones migratorias. El TLCAN ofreció a México un sólido andamiaje conceptual que le otorgaba credibilidad a las declaraciones en el sentido que el país no deseaba la emigración de sus trabajadores: "queremos exportar mercancías, no personas" (frase atribuida al ex presidente Carlos Salinas de Gortari). Sin embargo, los supuestos efectos del TLC sobre las tendencias migratorias no fueron ni inmediatos, ni automáticos, ni inevitables, por lo que hubiera sido necesario adoptar también políticas activas para acelerar la convergencia económica si se quería desincentivar la emigración, pero nada de eso ocurrió (Alba, 2009).

México se adentra más en políticas de expansión económica, privilegiando el sector industrial en las ciudades, lo que impactaría negativamente al campo mexicano, sobretodo, a partir de los acuerdos en los ochentas para ingresar al GATT (Acuerdo General sobre Aranceles y Comercio).

b) La actualidad de los repatriados en la urbe.

Si bien el TLCAN abrió las fronteras al comercio, también agudizó las medidas de seguridad impuestas por Estados Unidos respecto al tema migratorio y el control de la frontera por motivos de seguridad nacional. Dicho reforzamiento pudo ser motivado por la previsión que ya se tenía de que el tratado provocaría efectos negativos sobre algunas áreas de la economía mexicana, particularmente en el sector agrícola, tal como efectivamente ocurrió (Ruiz, 2005).

Más adelante, a estas previsiones, los atentados de septiembre de 2001 reforzaron definitivamente la tendencia del gobierno norteamericano a sellar su frontera, asociando riesgos a la seguridad nacional con inmigración26.

Paradójicamente, de manera simultanea se construye una apertura de las fronteras al comercio internacional. Desde mediados de los años noventa, el gobierno de Estados Unidos de Norteamérica ofreció un cambio de política en su actuación al emprender en diferentes puntos fronterizos operativos como "Mantener la línea" (Holdthe Line) en El Paso, Texas, "Salvaguarda" (Safeguard) en Arizona, y "Guardián" (Gatekeeper) en San Diego, California (Portes, 2006). Por esa época, también se comenzó con la idea de construir muros fronterizos en ciertos lugares de la línea divisoria, se recurrió a la tecnología para inhibir el cruce de indocumentados hacia territorio estadounidense y se buscó dificultar el ingreso en las zonas más pobladas "para así obligar a los inmigrantes indocumentados a cruzar por terrenos más difíciles y despoblados" (Ruiz, 2005). Como consecuencia directa de los atentados terroristas de 2001, al poco tiempo se promulgó la Ley PATRIOT 27 que dio lugar, entre otras cosas, a la

---

26Por añadidura, con el incremento del consumo de drogas desde los años sesenta en Estados Unidos, las agencias encargadas de la vigilancia fronteriza han cobrado un sesgo marcadamente policiaco, toda vez que desde esa década se ha asociado de manera reiterada la migración indocumentada con el narcotráfico. Esta visión dominante, se ha fortalecido y justificado que en la lucha contra el tráfico de estupefacientes se incrementen los presupuestos, horas de patrullaje, equipo, armamento y vigilantes.

27Las siglas se refieren a un acrónimo que en español se traduce como: Ley Uniendo y Fortaleciendo América Proveyendo Herramientas Apropiadas Requeridas para Interceptar y Obstruir el Terrorismo (Uniting and StrengtheningAmericabyProvidingAppropriateToolsRequiredtoInt ercept and ObstructTerrorismAct). Esta ley ha sido criticada por diferentes organizaciones civiles y académicos porque contempla la erosión de ciertos derechos humanos, civiles y políticos bajo el escudo de la seguridad nacional.

creación del Departamento de Seguridad Interna, el cual entró en funciones en el 2003, con lo que el Servicio de Aduanas, el Servicio de Inmigración y Nacionalización y la Patrulla Fronteriza, fueron fusionados y reorganizados.

Desde entonces, el embate contra los inmigrantes en Estados Unidos, en especial contra la de origen mexicano, se llevó a cabo desde diferentes frentes. En el ámbito directo de la política migratoria –a la vez que se abrió un debate ya largo sobre la llamada reforma migratoria-, se impulsaron cambios en la legislación cuyo propósito fue justificar la expulsión masiva de mexicanos, persiguiéndolos y criminalizándolos. De esta manera, los dos periodos de la administración de George W. Bush, habrían de convertirse en una coyuntura muy adversa para la migración mexicana hacia Estados Unidos, muy diferente a lo que esperaba al inicio de su primer periodo cuando desde México, el gobierno de 2000-2006 cifraba sus esperanzas en alcanzar una reforma migratoria de amplio alcance (Fox, 2010).

Es así que empieza a crecer la cifra de connacionales deportados a México y de ellos una gran parte lo haría por Ciudad Juárez durante los siguientes años. De este modo, mientras que en los años noventa el promedio nacional anual de detenciones y deportaciones de mexicanos en los Estados fueron de 36,326, siendo el año de 1999 el de mayor cuantía, hacia la siguiente década los promedios fueron de 84,282.8 anuales.

Cuadro 1. Deportaciones de mexicanos en EE.UU.

Entidad federativa / Punto de repatriación	2002	2003	2004	2005	2006	2007	2008	2009	2010	2011	2012	2013
Chihuahua	95727	84136	90451	98411	104284	87194	59095	53759	16328	11443	11785	9553
Cd. Juárez, Libertad (Paso del Norte)	65642	55595	59881	67132	85 693	83763	56091	45367	13555	9895	11030	8818
Cd. Juárez, Zaragoza	3 215	1 670	2 002	1 073	2 956	238	-	1 164	-	-	-	-

Fuente: Centro de Estudios Migratorios del Instituto Nacional de Migración con base en información registrada en los puntos oficiales de repatriación y Grupos Beta.
http://www.inm.gob.mx/index.php?page/Repatriacin_de_mexicanos_de _EUA_01

Naturalmente, el grueso de los deportados a México ingresaría al país a través de los diferentes puertos fronterizos con los Estados Unidos. En este sentido, por la frontera de Chihuahua con los estados de Nuevo México y Texas, las deportaciones también crecieron entre la década de los 90 y los primeros cinco años del siglo XXI. Durante el segundo lustro de la década de los noventa por el estado de Chihuahua eran deportados un promedio de 58,086.6 personas anualmente. Los años en que se deportó un mayor número fueron 1999 y en los que hubo menos 1995. Del total de deportados durante la década un 62.53% ingresó por Ciudad Juárez. El promedio anual fue de 36,326.

En la década pasada se tenía un registro, de acuerdo con el Instituto Nacional de Migración (INM), de alrededor de 571 mil 401 personas deportadas anualmente por las distintas delegaciones migratorias existentes en el país. Entre 2001 y 2008, se deportaron a México 4 millones 571 mil 209 personas indocumentadas, de las que 706 mil 575 ingresaron por el estado de Chihuahua, correspondiendo a Ciudad Juárez 539 mil 316. De este total, el promedio de deportados por Ciudad Juárez fue de 65 mil personas anualmente, en tanto que los años de 2006 y 2001 fueron los que reportaron las cantidades más altas y bajas, respectivamente.

Sin embargo, en los últimos tres años se presenta un aumento en las deportaciones sumando 1,063,247 millones de personas, variando anualmente entre 350 mil y 250 mil respectivamente. Del millón de repatriados, 32,882 mexicanos entraron por el estado de

Chihuahua y por Ciudad Juárez ingresó un total de 29,832. A pesar de que el siguiente recuadro señala un aumento en las repatriaciones por el estado de Chihuahua, a nivel nacional, este ha disminuido considerablemente, gracias al Programa de Repatriación Vía Aérea. Así mismo, cabe señalar que ciertos puertos fronterizos que para el año 2009 eran considerados como vías de repatriación, en los últimos cuatro años han sido descartados de este programa.

Cuadro 2. Migrantes deportados de EUA por el Estado de Chihuahua 2001-2008.

Chihuahua	2005	2006	2007	2008	2009	2010	2011	2012	Total	Promedio
Ciudad Juárez	67.132	85.693	83.763	56.091	84.39	83.01	86.5	93.5	640.08	85.48
Ojinaga	4.347	3.097	3.175	2.950	13.41	16.88	13.5	6.4	63.75	8.51
Porfirio Parra	0.212	0.142	0.002	0.000	0.0	0.0	0.0	0.0	.35	.047
Palomas	25.647	12.396	0.016	0.004	.03	.09	0.0	0.0	38.18	5.09
Zaragoza	1.073	2.956	0.238	0.000	2.2	0.0	0.0	0.0	6.47	.86
Total		98.411	104.28	87.194	59.045	97.83	99.98	100	99.9	748.83	99.99

Fuente: Centro de Estudios Migratorios del Instituto Nacional de Migración con base en información registrada en los puntos oficiales de repatriación y Grupos Beta
http://www.inm.gob.mx/index.php?page/Repatriacin_de_mexicanos_de _EUA_01

Con el evidente crecimiento de connacionales retornados de los Estados Unidos, al igual que antaño se han presentado diversos efectos y surgido nuevamente discursos que han visto en ellos la causa de muchos problemas, reiterándose sobre todo una percepción que los discrimina, y como antes, los observa como delincuentes. Así por ejemplo, cuando este fenómeno empieza a hacerse patente se decía que el gobierno tenía la responsabilidad de brindar apoyo al retornado y la obligación de brindar un empleo dentro del país, sin embargo, el estado no se encontraba preparado para la recepción, lo que representó una implementación de políticas públicas precarias.

Y durante los últimos seis años, en el contexto de la ola de violencia que la ciudad vive –desde entonces-, se ha dicho que los migrantes colaboran de manera activa con la delincuencia, ya que son entes que no tienen un sentido de pertenencia hacia la ciudad que los recibe y que están siendo reclutados por el crimen organizado.

Robustece a lo anterior, las notas periodísticas que a continuación se analizan respecto a los discursos positivos y negativos sobre el tema de la migración y en especial sobre repatriados. Es así, como el día 9 de noviembre del 2009, aparece una nota periodística en la cual se realiza una recomendación de la Comisión Nacional de Derechos Humanos contra el edil de Ciudad Juárez por permitir que siete menores repatriados desde Estados Unidos fueran alojados en un reformatorio destinado a menores delincuentes, en el comunicado, la CNDH ordenó que se "repare el daño ocasionado a los menores" y se brinde apoyo psicológico para ellos y sus familias. La llegada a Ciudad Juárez de jóvenes interceptados en Estados Unidos dentro del Programa de Atención a Menores Repatriados se dio "sin que las autoridades involucradas contaran con los medios materiales necesarios para llevarla a cabo". Ello propició que los jóvenes indocumentados repatriados "convivieran de manera directa con otros adolescentes que sí estaban sujetos a proceso por alguna infracción o bien ya se les había impuesto una sanción". A lo antes citado, la posición de las autoridades municipales se dio en un rango de irresponsabilidad, ya que manifestaron que sí tenían centros de atención para estos menores, pero los mismos no estaban funcionando en el momento en que sucedieron los hechos (La crónica de Hoy, 2009).

Por otra parte, se pueden apreciar discursos que dentro de sí, incluyen tanto posiciones negativas, como positivas hacia los repatriados, es así como las disertaciones religiosas de la orden de dominicos, consideró que las deportaciones masivas de connacionales se observaban bajo lo siguiente; representan un enorme reto que si se atiende a fondo y oportunamente enseñará a los juarenses y a todos los mexicanos a trabajar conjuntamente por el bien de nuestros compatriotas y en segundo término mencionó: la idea es que estos muchachos no se queden concentrados en una frontera, en Juárez o Tijuana, porque esa población fluctuante traería impactos drásticos, sino que queden distribuidos en sus lugares de origen, donde se deberá asumir el reto de asimilarlos y reintegrarlos a sus comunidades, dentro del núcleo familiar y hacia la sociedad misma … (Hernández, 2010), es decir, acotando las palabras impactos drásticos de manera expresa se observa una constructos negativos hacia el tema de la llegada de los migrantes.

Es importante dar a conocer dentro que existe un discurso de apoyo por parte de Instituciones Internacionales, por ejemplo; la Organización Internacional para la Migración (OIM), misma que se encargará de buscar empleos para aquellos que regresan. La OIM fue fundada en 1951 y defiende el principio de que la migración legal y ordenada beneficia tanto a los migrantes como al país que los recibe. Cuenta con dos oficinas en México y abrirá una tercera en Ciudad Juárez para atender a los mexicanos repatriados que estén en busca de un empleo. El proyectoconsiste en identificar las necesidades y habilidades de los migrantes y canalizarlos hacia empresas u organismos gubernamentales que ofrezcan lazas para trabajos tanto temporales como permanentes (Vega, 2010).

Por último, es de destacar la incongruencia entre el discurso social y político y las cuestiones fácticas, por parte de las autoridades Estadounidenses, por ejemplo; El vocero local de la Patrulla Fronteriza, Douglas Mosier, mencionó en el mes de marzo del año 2010, que por tiempo indefinido, los mexicanos indocumentados detenidos en el sur de Texas serán enviados para su regreso voluntario a Presidio y de allí a Ojinaga, Chihuahua. Que los inmigrantes detenidos en el sur de Texas eran repatriados por los cruces internacionales del sector de Marfa y El Paso rumbo a Ciudad Juárez, así como, los inmigrantes detenidos en Nuevo México, que también forma parte del sector El Paso de la Patrulla Fronteriza, serán repatriados por Columbus (CNN México, 2010), es decir, las declaraciones vertidas observan un objetivo de limitar las repatriaciones por la frontera Juárez / El Paso, Texas, lo anterior, al índice de violencia con el que cuenta ésta.

Entidad federativa / Punto de repatriación	Enero	Febrero	Marzo	Abril	Mayo	Junio	Julio	Total
5.1 Eventos de repatriación de mexicanos desde Estados Unidos, según entidad federativa y punto de repatriación, 2010								
Total en Chihuahua	3 446	3 626	1 641	1 396	1329	1 115	802	13 355
Cd. Juárez, (Paso del Norte)	3 189	3 340	1 187	996	1005	892	668	11277

Fuente: Centro de Estudios Migratorios del Instituto Nacional de Migración con base en información registrada en los puntos oficiales de

90

repatriación y Grupos Beta. http: //www.inm.gob.mx/estadisticas/2010/julio/BoletinEst2010.pdf

5.1 Eventos de repatriación de mexicanos desde Estados Unidos, según entidad federativa y punto de repatriación, 2013								
Entidad federativa / Punto de repatriación	Enero	Febrero	Marzo	Abril	Mayo	Junio	Julio	Total
Total en Chihuahua	880	971	1421	1393	1147	1124	532	7468
Cd. Juárez, (Paso del Norte)	804	857	1237	1244	1082	1095	503	6822

Fuente: Centro de Estudios Migratorios del Instituto Nacional de Migración con base en información registrada en los puntos oficiales de repatriación y Grupos Beta.
http://www.inm.gob.mx/estadisticas/2013/julio/BoletinEst2013.pdf

Ahora bien, esto es lo que se dice sobre los deportados, pero ¿Quiénes son ellos? ¿Realmente son delincuentes? y si lo fueran, ¿Sería un riesgo que se quedaran a radicar en la ciudad? Con respecto al peligro que representan, según fuentes oficiales solo una minoría de deportados tiene antecedentes penales en los Estados Unidos, que es del 32% (Sapp, 2012). Pero, de ellos, se dice, la mayoría fue por faltas menores, ya que sus crímenes consisten en conducir sin licencia y/o en estado de ebriedad, y solo un porcentaje menor por delincuencia en sus diferentes expresiones como el robo, robo con violencia, asesinato o tráfico de drogas (L. Figueroa, A. Castañón, N. González y S. Aguilera, 2008).

Por lo que respecta al tema de los aspectos positivos o negativos derivados de la posible vecindad de los connacionales repatriados dentro de Ciudad Juárez, la estadística con la que se cuenta es limitada, sin embargo, la Fiscalía General para el Estado de Chihuahua contempla que los repatriados delinquen en una expresión menor a la que pudiese considerarse observando los flujos migratorios, siendo esto, que uno de cada seis delincuentes es repatriado, resultando el índice del todo bajo. Aunado a lo anterior, de acuerdo con estimaciones proporcionadas por el Consejo Nacional de Población, del total de inmigrantes deportados tan sólo un 30% indica el deseo de ya no retornar a Estados Unidos, del anterior, un 20% manifiesta intenciones de quedarse a radicar en alguna ciudad fronteriza. Así pues, es posible suponer que de 525 mil personas, el total de retornados entre el 2001 y el 2008, se quedaron a residir 31,542, en Juárez; es decir, un promedio de 3,942 personas por año.

Sin embargo, para el especialista Rodolfo Rubio (2008) la cifra es menor y pudiera ser del 3 a 4% del total de repatriados, que decide avecindarse en la ciudad. Por lo tanto, del total de eventos de repatriación serían cerca de 15 mil personas. Esta es una cifra realmente baja en relación al impacto que se dice tienen posiblemente sobre la ciudad, sea por la delincuencia o el incremento de la demanda de servicios sociales.

De lo anterior, puede decirse entonces que el problema en relación con los deportados no es tanto en el mediano y largo plazo, sino en el corto. Mejor dicho, radica en la atención inmediata que esas personas deben recibir de parte de las autoridades. En este sentido, la dificultad radica en brindarles la atención médica, legal y humanitaria que requieren en su llegada a la ciudad, y no tanto en enfrentar un posible incremento de la violencia y la criminalidad derivado de su llegada a la ciudad.

De esta manera, para establecer la magnitud del problema social que representa para la ciudad la llegada de connacionales, valdría la pena continuar con la estimación a partir de las cifras oficiales. Tomando el año de 2006 (ya que ha sido el de mayor registro de deportaciones), de las poco más de 85 mil personas retornadas, se observa la problemática en los siguientes enunciados; la creación de una dependencia gubernamental que atendiera las necesidades mínimas de la gran cantidad de personas repatriadas (cerca de 235 diariamente) de las cuales posiblemente habrán de quedarse a radicar entre dos mil 500 y tres mil 431 personas en el año. Considerando la cifra alta, esto significa que poco más de nueve personas diariamente decidirán quedarse a vivir en la ciudad.

Por edad y género, las estadísticas sobre los deportados son:

Eventos de repatriación de mexicanos desde Estados Unidos, según entidad federativa de repatriación, grupos de edad y sexo, 2001-2012												
Entidad federativa/ Grupos de edad y sexo	2001	2002	2003	2004	2005	2006	2007	2008	2009	2010	2011	2012
Chihuahua	8732 7	9572 7	8413 6	90 451	98 411	104 284	87 194	59 095	53 759	1632 8	1144 3	1178 5
Total de 18 años y más	8224 7	8879 1	7412 9	82 359	89 185	96 333	81 089	56 335	51 669	1456 9	1022 0	1063 9
Hombres	7347 3	7939 9	6440 6	70 288	74 909	82 639	71 344	51 848	48 189	1259 2	8830	9140
Mujeres	8 774	9 392	9 723	12 071	14 276	13 694	9 745	4 487	3 480	1977	1390	1499
Total de menores de 18 años	5 080	6 936	10 007	8 092	9 226	7 951	6 105	2 760	2 090	1759	1223	1146
Hombres	3 547	4 711	5 176	5 732	6 314	5 635	4 582	2 060	1 569	1392	999	949
Mujeres	1 533	2 225	4 831	2 360	2 912	2 316	1 523	700	521	367	224	197

Fuente: Centro de Estudios Migratorios del Instituto Nacional de Migración con base en información registrada en los puntos oficiales de repatriación y Grupos Beta.
Fuente: http://www.inm.gob.mx/index.php?page/series_historicas

Las cifras anteriores muestran la condición de vulnerabilidad social con la que llegan los repatriados, por una parte, la situación del nulo sentido de pertenencia, el desconocimiento urbano y la falta de reconocimiento como connacional por parte del ciudadano, evoca desigualdad social, ya que traen consigo la etiqueta social vulnerable, y más importante, resalta que cerca del 10% de los connacionales en condición de vulnerabilidad resultaría potenciada por el género. Aunado a lo antes expuesto, resultaría trascendental en la política pública observar los mecanismos para crear condiciones que permitieran salvaguardar a las y los connacionales que por condiciones de edad y género se encuentran de manera exponencial a un estado total de vulnerabilidad, aunado a lo anterior, destaca observar que las y los menores de edad no retornan acompañados de un mayor de edad, como se aprecia en la siguiente grafica:

5.9 Eventos de repatriación de menores mexicanos desde Estados Unidos, según condición de viaje y sexo, enero[1/] 2012[p/]

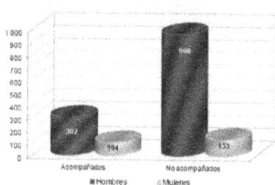

5.10 Eventos de repatriación de menores mexicanos desde Estados Unidos, según grupo de edad y condición de viaje, enero 2012[p/]

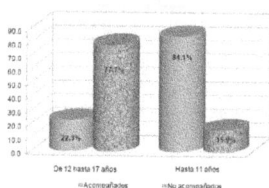

Fuente: Centro de Estudios Migratorios del Instituto Nacional de Migración con base en información registrada en los puntos oficiales de repatriación y Grupos Beta.
http://www.inm.gob.mx/estadisticas/Sintesis_Grafica/2012/Sintesis2012.pdf

Por lo antes expuesto, se ha documentado que en la frontera se sufre de abusos a los derechos humanos de los repatriados como el enunciado en el diario la crónica en el que se localiza la nota en la que la CNDH, denuncian un maltrato de las autoridades locales en contra de siete menores repatriados al encarcelarlos dentro de las celdas en las que se encontraban menores infractores (La Crónica, 2009).

Existen cuatro condiciones de la población de menores en las zonas fronterizas que se divide entre los migrantes en tránsito (en la cual los infantes viajan con sus familiares o solos, donde los últimos son los más propensos a ser uso de delincuencia), y los menores

94

transfronterizos (estos se desplazan constantemente por la frontera siendo residentes locales y teniendo pleno conocimiento de los riesgos), sin embargo el que interesa es el movimiento transfronterizo denominado pollerito, los cuales son utilizados para pasar a migrantes ilegales por la frontera.

Por otra parte, podemos apreciar que los niños migrantes son el sector más vulnerable para la trata de personas y el punto sensible de la defensa de los derechos humanos, concluyó el Centro de Documentación, Información y Análisis (Cedia) de la Cámara de Diputados en la investigación. La explotación sexual y comercial de niños y niñas de la frontera sigue siendo una realidad peligrosa aún no documentada. Esta explotación tiene varias facetas que incluyenadopciones indocumentadas, el turismo sexual infantil y la trata de personas. Estudios iniciales como "Infancia Robada", señalan a las ciudades de Tijuana y Ciudad Juárez como las de mayor atracción para la industria de explotación sexual infantil, las cuales atraen un volumen alto de turistas internacionales y personas de paso que practican actividades ilícitas.

Cabe destacar el periodo de enero a septiembre de 2009 en él fueron repatriados 21 mil 220 menores mexicanos de Estados Unidos, 13 mil 110 regresaron sin compañía y 8 mil 110 con algún familiar. Mil 782 tenían 11 años y 19 mil 438 entre 12 y 17 años. 16 mil 552 pertenecían al sexo masculino y 4 mil 668 al femenino. Aunque los hombres lideran las estadísticas, seguidos por las mujeres, paulatinamente los niños se suman al éxodo en busca del sueño americano tantas veces reproducido por el imaginario colectivo, sobre todo en las zonas rurales y urbanas donde la migración registra los mayores índices (se menciona en el documento elaborado por el investigador parlamentario).

La mayoría de estos niños, migran para trabajar, pero si no están bien preparados e informados se exponen al riesgo de ser engañados y explotados. "Lo que comienza como migración puede así convertirse en trata de personas. Según la Organización Internacional del Trabajo (OIT) entre 980 mil y un millón 250 mil niños se encuentran sometidos a la trata infantil por la combinación de una serie de eventos que pueden ocurrir en la comunidad de origen de los niños o en los lugares de tránsito y de destino" (Quadratin, 2010).

Conclusiones

A manera generalizada, la vulnerabilidad de ciertos grupos sociales, está basada en las deficiencias de los gobiernos de los países con altos índices de migración. Está claro que la calidad de vida entre los países desarrollados y los que se encuentran en vías de desarrollo son un deleite de culturas para aquellos que carecen de recursos para sostener las necesidades básicas a diferencia de los países sustentables que brindan todas las oportunidades básicas para la supervivencia.

Cabe destacar, que si la administración pública de un Estado no es eficiente, el primer foco rojo que declarará su incapacidad ante la política económica, serán los niveles de migración. Sin embargo, en el caso de México y Estados Unidos, la relación en cuanto a este tema, ha sido delicado cuando se llega el momento de las negociaciones, pero si la Unión Americana llegase a necesitar de mano de obra, abriría sus fronteras a pesar de las rígidas normas que regulan el traspaso de extranjeros a su Nación. Pero una vez que su economía entre en recesión o se tenga indicios de alguna Guerra a nivel Internacional, los migrantes mexicanos serán los primeros en sufrir las consecuencias de deportación, sin mencionar la precaria situación a los que estos son enviados una vez en la frontera mexicana.

Ejemplo de lo anterior es la deficiencia administrativa en los grupos vulnerables, sobre todo en los infantes, que una vez que estos no son atendidos por el Instituto Nacional de Migración o por el Instituto de Desarrollo Integral de la Familia, quedan a la deriva de las organizaciones criminales que los introducen al negocio ilícito de la trata de personas aumentando así los niveles de criminalidad, y junto con ello, la animadversión de la ciudadanía hacia los repatriados mexicanos que llegan diariamente a esta ciudad.

Además de las actividades ilegales de las cuales son víctimas los migrantes mexicanos, se encuentran los programas defectuosos que los tres niveles de gobierno ofrecen a aquellos mexicanos que desean migrar a Estados Unidos y a los repatriados por este país, para que no intenten ingresar por primera vez o de nuevo a la Unión Americana. La publicidad que se le da a los programas por parte de la Secretaría de Gobernación y por parte de las sociedades civiles es mínima lo que causa que los migrantes que se internan a la Ciudad, se queden a residir temporal o definitivamente debido al escaso recurso que poseen para regresar a su lugar de origen y las dificultades que se les presentan para entrar a laborar de manera formal, son claves importantes dentro de la motivación que los impulsa a delinquir en la ciudad y en cuanto a las mujeres e infantes, a ser víctimas de la trata de personas.

El país debería aplicar una política migratoria rigurosa a todo la población mexicana dentro del país y fuera de este mismo para conocimiento de toda la ciudadanía connacional y extranjera que pueda participar en esta actividad que debe favorecer la economía interna del país y su desarrollo para colocarlo a nivel internacional como un Estado competitivo y sustentable.

Sin embargo, advierto, queda en el tintero realizar investigación, por una parte, un estudio en el que se plantee la serie de delitos deriva- dos del fenómeno denominado de flujos migratorios, es decir, encontrar la correlación directa que resultaría evidente entre delitos como trata de personas (enunciada como la nueva esclavitud), tráfico de personas, crimen organizado (participación de migrantes), entre otros; por otra parte, observar la trascendencia normativa derivada de que nuestra carta magna tenga evidentes tintes xenofóbicos.

Así como en el presente libro se abordo la situación que viven las personas de origen mexicano que habiendo migrado de manera indocumentada hacia los Estados Unidos, han sido detenidos en ese país y enviados de regreso a México. Como objetivo central, el analizar las acciones que llevan a cabo los diferentes niveles de gobierno, particularmente el municipal, para acoger y dar atención a esos connacionales. Específicamente, las preguntas que se responden son: ¿Cómo impactan las deportaciones en el caso de Ciudad Juárez? ¿Qué acciones se llevan a cabo desde los gobiernos federal, estatal o municipal o los organismos no gubernamentales interesados en los migrantes deportados? ¿Cuáles son los alcances y los límites de las acciones o políticas públicas para resolver la problemática derivada de las deportaciones?

A ese respecto, se transito bajo los argumentos en que los impactos en Ciudad Juárez son en mayor porcentaje positivos, partiendo de la premisa en que los repatriados son entes que llegan a esta urbe con la intención de encontrar oportunidades laborales, por ende, el Estado adquiere obligaciones en proporcionar el satisfactor a dicha necesidad, así como, no cabe duda que los migrantes repatriados se encuentran en una total situación de discriminación y marginación por lo que es del todo evidente la necesidad de políticas publicas que atiendan el problema, también dentro de la presente tesis se pudieron apreciar que las principales acciones gubernamentales consisten en auxiliar de manera precaria a los repatriados, por otra parte, las asociaciones civiles se encuentran del todo limitadas por la falta de recursos y por último que existe un desconocimiento de la población fronteriza sobre la situación que viven diariamente nuestros connacionales. Es de resaltar que existen varios aspectos que las políticas no responden, por ejemplo, no existe ningún estatuto en donde se prevea el seguimiento en el particular de los repatriados, no interesa el dar a conocer a la sociedad fronteriza la situación de segregación que viven los migrantes repatriados y por ultimo no existe una coordinación entre gobiernos federales.

Del panorama antes expresado, así como del análisis de las acciones gubernamentales sobre los repatriados, los principales hallazgos que se pueden enfatizar son:

1) Existe un conjunto de factores de tipo institucional, cultural y estructural, que confluyeron circunstancialmente para reducir el alcance dichas políticas. En cuanto a lo institucional es importante mencionar que no existe una coordinación entre la entidad federativa y el Ejecutivo Federal, así como este último con los Estados Unidos de Norteamérica por lo que esto concluye en el descuido al respeto de los Derechos Humanos hacia los repatriados. Con respecto a lo cultural cabe resaltar el enriquecimiento de la cumulo de costumbres, tradiciones, etc., gracias a la interacción social, sin embargo, el concepto que tiene la sociedad fronteriza hacia los repatriados y en cuanto a los factores estructurales, son claros, por un lado, la posición geográfica que coloca a la ciudad en medio de esta problemática como centro de paso, y por otro, la situación de crisis económica y social, así como de seguridad que vive la ciudad desde la segunda mitad de la década.

2) La conjunción de tales factores, derivaron en una política de tipo asistencial y policiaca, que por un lado se encarga de recibir y atender de manera limitada a los repatriados, pero que por otro, busca por todos los medios evitar que lleguen a la ciudad o cuando menos

reducir su tiempo de estancia en la ciudad, desplegando una política que intenta desviar el retorno de los mexicanos por esta frontera, y otra interior, cuya finalidad es enviarlos de inmediato a sus lugares de origen, mientras que simultáneamente propicia un discurso social que mira como potenciales criminales a los repatriados.

3) Ante estas políticas, se observa el desarrollo de un debate público local sobre las implicaciones sociales de la presencia de los deportados en Ciudad Juárez. De un lado, se observan voceros de organismos empresariales que se hacen eco del discurso persecutorio, que mira a los retornados como potencial peligro, a la vez que existen agrupaciones de la sociedad civil que colaboran sin mayor sentido crítico con la orientación de las políticas gubernamentales discriminatorias; mientras que por el otro lado, se observan también otros actores y agrupaciones que cuestionan el sentido de estas políticas.

De este modo, también como resultado de esta tesis fueron surgiendo algunas reflexiones y visualizándose un conjunto de acciones que podrían contribuir a mejorar la situación que enfrentan quienes lamentablemente han tenido que emigrar a Estados Unidos de Norteamérica y ahora se encuentran de nuevo en México, pero en condiciones de vulnerabilidad y riesgo.

Para concluir, es de destacar la necesidad de replantear el quehacer social respecto a la migración, atendiendo a un trabajo como sociedad respecto al concepto/definición que se tiene del migrante, la forma en la que se observa el fenómeno de migración y la conciencia colectiva sobre las consecuencias que contiene el hecho de habitar en una zona fronteriza como ciudad Juárez.

Respecto a replantear el quehacer político, es importante mencionar a las tres esferas de gobierno, que sin duda, tienen la obligación de solventar la situación de desigualdad que diariamente viven los repatriados en esta zona fronteriza, es de puntualizar que el mas interesado en llevar a cabo acciones directas para hacer eficientes los programas hacia los repatriados es el gobierno local, el Municipio de Juárez deberá de enfatizar el quehacer político respecto a esta problemática y no simplemente delegar responsabilidad al gobierno estatal y federal.

Por otro parte, es importante transformar las políticas internas hacia los repatriados, ya que el quehacer interno ofrece un mensaje de tolerancia hacia la migración, el cual contrasta de manera radical con las diversas ejemplificaciones de vulnerabilidad y discriminación desarrolladas con antelación, por lo que es de suma importancia atender de forma directa la política respecto a las dos situaciones antes mencionadas. Con esto se abrirá un vinculo fuerte entre política publica eficiente, respecto a la política internacional es de carácter imperativo conducirse con mayor nivel de cooperación con Estados Unidos de Norteamérica, ya que es indispensable colocar en la agenda bilateral en el momento el tema de derecho/obligación hacia los repatriados.

La consecuencia vendrá en que los gobiernos tendrán mayor numero de datos sobre el fenómeno de la repatriación, lo que se materializaría en mejores políticas publicas hacia el fenómeno.

Para concluir este apartado se debe considerar la como un punto crucial el hecho de mejorar la comunicación y cooperación gobierno-sociedad en relación con las dinámicas migratorias, sin lo anterior, es imposible que el concepto que se tiene sobre el repatriado se modifique, el debate político es del todo erróneo si plantea la segregación de la sociedad local del tema de los repatriados, la política publica a implementarse sin lugar a duda deberá de contener la inclusión de la colectividad municipal para con ello eliminar la discriminación hacia este sector del todo vulnerable. Respecto a un análisis comparativo de Ciudad Juárez con otras urbes fronterizas sin duda alguna podremos mencionar que existen consideraciones a destacar, por ejemplo; la posibilidad que brinda la Ciudades Fronterizas en países como la India y Marruecos al abrir su mercado laboral interno a los retornados, cuestiones del todo contrarias a las actitudes políticas y sociales que se ofrecen en ciudad Juárez.

Fuentes y referencias.

Aguayo Quezada, Sergio. Almanaque México-Estados Unidos. Fondo de Cultura Económica Ideas y Palabras. Colección Tezontle. México 2005.

Aguelo Navarro, Pascual. Manual del Inmigrante. Estudios, Trabajo y Negocios.. Océano. España 2003.

Aguilar Villanueva, Luis F. La Implementación de las Políticas. Miguel Ángel Porrúa. México 1996.

Albo, Adolfo. "Anuario de migración y remesas México 2013". Fundación BBVA Bancomer, México 2012 pp 41-69.

AndebengAlingué,   Madeleine.   Editora. Migraciones Internacionales: Un Mundo en Movimiento Bondades y Restos de las Migraciones. Universidad

Externado de Colombia / organización Internacional para la Migración –OIM-. Colombia 2004.

Anguiano, María Eugenia y Pastrana Corral, Susana Angélica. Reporte final de investigación "Efectos socioeconómicos del flujo migratorio internacional en localidades fronterizas sonorenses" Colegio de la Frontera Norte, Tijuana, México. 2006

Apuntes de geografía humana, http://ficus.pntic.mec.es/ibus0001/poblacion/Movimiento s_migratorios.html (visitada el 17 de noviembre de 2009).

Arditi, Benjamín. "Trayectoria y potencial político de la idea de sociedad civil" Revista mexicana de sociología, año 66, número 1, enero-marzo, UNAM, México D.F, 2004

Arzaluz Solano, Socorro. La Migración a Estados Unidos y la Frontera Noroeste de México. Miguel Ángel Porrúa/ El Colegio de la Frontera Norte. México 2007.

Avendaño Millán, Rosa María y Moreno Mena, José A. "Respuestas ciudadanas ante las políticas antiinmigrantes de Estados Unidos". Revista Universitaria Semillero de ideas. Número 21, Mexicali, B.C. Enero-marzo 2008, pp. 53-59

Barry Bozeman. La gestión pública su situación actual. Colegio nacional de Ciencias Políticas y Administración Pública A. C. Universidad Autónoma de Tlaxcala. Fondo de la cultura económica.

Beck, Ulrick. ¿Qué es la globalización? Falacias del globalismo, respuestas a la globalización. Paidos. Barcelona España. 2008

Berumen Sandoval, Salvador; Ramos Martínez, Luis; Ureta Hernández, Isabel. "Migrantes mexicanos aprehendidos y devueltos por Estados Unidos.

Estimaciones y características generales". En Apuntes sobre Migración, México, D.F.: Centro de Estudios migratorios del INM; No. 02, septiembre 2011

Boletín de Sala de prensa del Instituto Nacional de Migración., http://www.inm.gob.mx/index.php?page/Boletin_371_08 (visitada el 12 de febrero de 2010).

Bustamante Jorge. "La migración de los indocumentados", El Cotidiano, No. 1, especial: Desde el límite, UAM, México, 1987

Carrasco Soto Horacio. "Deportaron por Juárez a 454 en 5 semanas." EL DIARIO, 24 de febrero 2008, sección Frontera.

Carrasco Soto Horacio. "Disminuye número de repatriados por aquí". El DIARIO, 1 de enero de 2008 sección Comunidad.

Casa del Migrante en Cd. Juárez, Chihuahua. http://www.migrante.com.mx/Juarez.htm

Casa YMCA para menores migrantes. http://www.ymca.org.mx/prog_YMCA_mmigra.html

Castañón Araly. "Aumento número de deportados." EL DIARIO, 4 de marzo 2008. Sección Juárez.

Castles Stephen, Delgado Wise Raúl.Migración y Desarrollo: Perspectivas desde el Sur. Coord. La Colección Migración del Instituto Nacional de Migración/Miguel Ángel Porrúa/Universidad Autónoma de Zacatecas/Secretaría de Gobernación/Organización Internacional para las Migraciones. México 2007.

Castles Stephen, Miller Mark J. La Era de la Migración. Movimientos Internacionales de Población en el Mundo Moderno. H. Cámara de Diputados, LIX Legislatura/Universidad Autónoma de

104

Zacatecas/Secretaría de Gobernación/Instituto Nacional de Migración/ Fundación Colosio/ Miguel Ángel Porrúa. México 2004.

Centro de Estudios Migratorios. Unidad de Política Migratoria, SEGOB, con base en información registrada en los puntos oficiales de repatriación del INM. Excel.

CNN México, 12 de marzo de 2010, http://mexico.cnn.com/nacional/2010/03/12/eu-suspende-repatriaciones-voluntarias-por-ciudad-juarez-por-la-violencia (visitada el 04 de julio de 2010).

Convenio de Colaboración que celebran por una parte la Segob, a través del INM, representado por su titular. La C. María Guadalupe Cecilia Romero Castillo y por la otra, la UACJ representada por el C. Licenciado Jorge Mario Quintana Silveyra en su carácter de Rector. http://www.uacj.mx/cgip/Conacyt%20Mtria%20Ing%20Elec/F)%20Cooperaci%C3%B3n%20Otros%20Actores/18.2%20convenios/Gubernamentales/INM.pdf

Coordenadas Semanas del 1-15 de septiembre" Secretaría de Gobierno Nuevo León. Centro de Atención a Migrantes y enlaces Consulares del Estado de Nuevo León.   09-2010. http://es.scribd.com/doc/39324427/Migrantes-Coordenadas-1-al-15-de-septiembre

Coubés, Marie-Laure, Zavala de Cosío, María Eugenia. Zenteno René. Cambios Demográficos y Social en el México del Siglo XX. Una perspectiva de Historias de Vida. H. Cámara de Diputados, LIX Legislatura/Instituto Tecnológico y de Estudios Superiores de Monterrey/ Miguel Ángel Porrúa/ El Colegio de la Frontera Norte. México 2005.

Crece la vulnerabilidad de migrantes Lourdes Cárdenas, Somos Frontera. 2009. http://www.somosfrontera.com/ci_19180544

De Dios Olivas Juan. "Repatrían a ex convictos sin control de autoridades". EL DIARIO, 7 de marzo 2007. Sección Frontera.

De mojado news, 2009, http://demojado.blogspot.com/2010/01/destinan-para-atencion-al-migrante-solo.html (visitada el 07 de abril de 2010).

Delgado Wise, Migración e integración México-Estados Unidos. Clivajes de una relación asimétrica en Red de Bibliotecas Virtuales de Ciencias Sociales de América Latina y el Caribe de la Red CLACSO.

Diario Oficial de la Federación Martes 2 de abril de 2013, Reglamento interior de la Secretaría de Gobernación. http://www.inm.gob.mx/static/marco_juridico/pdf/reglamento/Reglamento_Interior_SEGOB_2abril_13.pdf

El Clamor de los Indocumentados, 22 de Mayo de 2000, http://www.sedos.org/spanish/Scalabrini.htm (visitada el 05 de noviembre de 2009).

Escobar, Guillermo. Federación Iberoamericana de Ombudsman. I Informe Sobre Derechos Humanos, Migraciones. Universidad de Alcalá / Dykinson. Madrid 2003.

Espinoza, Xiomara. Comunicación personal. Representante Municipal del Sistema para el Desarrollo Integral de la Familia. Tijuana 2008.

Estadísticas del sitio del Instituto Nacional de Migración. http://www.inm.gob.mx/estadisticas/series_historicas/ERM_EUU_PR95_09.xls

Flujos migratorios 2009. http://www.conapo.gob.mx/index.php?option=com_cont ent&view=article&id=324

Fondo de Apoyo al Migrante http://www.hacienda.gob.mx/EGRESOS/PEF/temas_gas to_federalizado/Paginas/FondodeApoyoaMigrantes.aspx

Fortalecimiento de Grupos de Protección al Migrante. Dirección General de Protección al Migrante y Vinculación. Informe de Rendición de Cuentas de la Administración Púbilca Federal 2006-2012. Memoria Documental. Instituto Nacional de Migración. http://www.inm.gob.mx/static/transparencia/rendicion_d e_cuentas/Fortalecimiento_grupos_proteccion_migrante. pdf

Fuentes Flores, Cesar M., Peña Medina, Sergio. Coord. Planeación Binacional y Cooperación Transfronteriza Entre México y Estados Unidos. Universidad Autónoma de Ciudad Juárez / El Colegio de la Frontera Norte. México 2005.

García Marín María. Aproximación a las Nuevas Migraciones. Entre la Imaginación y la Cooperación al Desarrollo. Naullibres- CITMI CITE (CC OO.PV.). Valencia 1997.

GastélumGaxiola, María de lós Angeles. La migración de lós trabajadores mexicanos indocumentados a lós Estados Unidos. Coordinación General de Estudios de Posgrado, México 1991 p.42.

GiorguliSaucedo, Silvia E., Gaspar Olvera, Selene, Leite Paula. La Migración Mexicana y el Mercado de TrabajoEstadounidense. Tendencias, Perspectivas y ¿oportunidades?. Secretaría de Gobernación/ Secretaria General delConsejo Nacional de Población. México 2007.

González Casanova, Pablo. La democracia en México. Ediciones Era, S.A. de C.V.. México 1965 p.136

Heredia Zubieta, Carlos y Hernández Sánchez, Ricardo. "La diplomacia ciudadana en la era de la globalización: un punto de vista desde México", DECA Equipo Pueblo A.C., 1998

http://bibliotecavirtual.clacso.org.ar/ar/libros/edicion/vidal_guillen/18DelgadoW-MananG.pdf (visitada el 07 de enero de 2010).

http://eurlex.europa.eu/smartapi/cgi/sga_doc?smartapi!celexplus!prod!DocNumber&lg=es&type_doc=COMfinal&an_doc=2006&nu_doc=735 (visitada el 16 de enero de 2010).

http://meme.phpwebhosting.com/~migracion/rimd/documentos/declaracion_cocoyoc.pdf (visitada el 24 de abril de 2010).

http://www.elpopularnews.com/article/Noticias_Locales/Noticias_Locales/Planea_California_deportar_reos/18245 (visitada el 15 de abril de 2010).

http://www.elsiglodedurango.com.mx/noticia/247664.recortan-apoyo-para-migrantes-defiende-calder.html (visitada el 28 de mayo de 2010).

http://www.infanciacuenta.org/documentos/BKC-espanol.pdf (publicada en el 2006).

Ianni, Octavio, Teorías de la globalización, Siglo XXI editores, cuarta edición, 1996.

Immigration Enforcement Actions: 2011 John Simanski and Lesley M. Sapp. http://www.dhs.gov/sites/default/files/publications/immigration-statistics/enforcement_ar_2011.pdf

Instituto Nacional de Migacion, Misión, visión y objetivos, 2010, http://www.inm.gob.mx/index.php?page/MISIN_VISIN_Y_OBJETIVOS (visitada el 09 de mayo de 2010).

Investigación Migración y discriminación, la condición social de los repatriados en Ciudad Juárez.

Itzingsohn, José. "Migración, globalización y geopolítica". Anuario Social y Político de América Latina y el Caribe No. 6, Flacso/UNESCO/Nueva Sociedad, Caracas, 2033, pp77-82

L. Figueroa, A. Castañón, N. González y S. Aguilera, 2008, 13 de abril de 2008 http://www.radiolaprimerisima.com/noticias/inmigrantes /27749 (visitada el 10 de junio de 2010).

La crónica de Hoy, 09 de noviembre de 2009, http://www.cronica.com.mx/nota.php?id_nota=467708 (visitada el 27 de marzo de 2010).

La Crónica, 09 de noviembre de 2009, http://www.cronica.com.mx/nota.php?id_nota=467708 (visitada el 01 de marzo de 2010).

Leite, Paula; Giorguli E. Silvia. El estado de la migración: Las políticas públicas ante los retos de la migración mexicana a Estados Unidos. CONAPO. México D.F. 2009 pp. 91-245

Leite, Paula; Giorgulo E. Silvia. "Las políticas públicas ante los retos de la migración mexicana a Estados Unidos". CONAPO, México, 2007, pp 24-45

Ley General de Población de 1974, (última reforma publicada en DOF 09-04-2012). http://www.diputados.gob.mx/LeyesBiblio/pdf/140.pdf

Lineamientos para la operación del Fondo de Apoyo a Migrantes, 2009, http://www.shcp.gob.mx/EGRESOS/PEF/temas_gasto_f

ed/fondo_apoyo_migrantes/lineamientos_fondo_migrant es.doc (visitada el 28 de enero de 2010).

Lothar Weiss, Thomas; LópezChaltelt, Pedro Arturo."México: Políticas Públicas beneficiando a los migrantes". OIM, México, 2011, pp 4-130

Martinelli, José María. Políticas Públicas en el Nuevo Sexenio. Universidad Autónoma Metropolitana/Plaza y Valdez. México 2002.

Martínez Oscar, Formación de la zona libre e importancia del comercio en Ciudad Juárez: Breve visión cronológica, http://docentes2.uacj.mx/rquinter/cronicas/zona_libre.ht m (visitada el 07 de enero de 2010).

Martínez Rascón Cristina I., Memoria digital del evento "Migración y niñez migrante". Actores de la globalización. Encuentro Internacional, Hermosillo Sonora, Colson, DIF, Sonora, COLEF, 2007

Martínez, Oscar. Ciudad Juárez: el auge de una ciudad fronteriza a partir de 1848, Fondo de Cultura Económica, 1982.

Melgar Lucia. Coord. Frontera, Violencia, Justicia: nuevos discursos. Universidad Nacional Autónoma de México/ProgramanUniversitarios de Estudios de Genero/Fondo de desarrollo de lasNaciones para laMujer, UNIFEM. México 2008.

Memorándum de entendimiento entre la Segob y la SER de los Estados Unidos Mexicanos y el Departamento de Seguridad interna de los Estados unidos de América sobre la repatriación segura, ordenada, digna y humana de los nacionales mexicanos (2004). http://www.conofam.org.mx/pdf/marcos/Marco28.pdf

Mercado Celis Alejandro, Gutiérrez Romero, Elizabeth. Editores. Fronteras en América del Norte.

Estudios Multidisciplinarios. Universidad Nacional Autónoma de México / Centro de Investigaciones sobre América del Norte. México 2004.

Migración refuerza módulos fronterizos Ciudad de México CNN Expansión 03-05-2009. http://www.cnnexpansion.com/actualidad/2009/05/03/migracion-refuerza-modulos-fronterizos

Moran Quiroz Luis Rodolfo, Red Internacional de Migración y Desarrollo de 2006, eds. Migración, transnacionalismo y transformación social, Declaracion de Cocoyoc 2006.

Moreno Mena José Ascención. "Informe sobre la situación de los derechos humanos de los migrantes en la frontera norte". Revista de la UIA El Bordo, Número 4, 2000 pp-59-85

Moreno Mena, José Ascención; Niño Contreras, Lya Margarita. "Las organizaciones civiles frente al fenómeno migratorio en la frontera norte de México". III Coloquio Internacional sobre Migración y Desarrollo, Universidad Nacional Heredia, Costa Rica, 2008

Orozco Víctor. Coord. Chihuahua Hoy 2007 Visiones de su Historia, Economía, Política y Cultura. Tomo V. Instituto Chihuahuense de la Cultura / Universidad Autónoma de Ciudad Juárez / Universidad Autónoma de Chihuahua. México 2007.

Pablo Hernández Batista, 29 de julio de 2010, http://nortedigital.mx/noticias/local/10463/ (visitada el 12 de agosto de 2010).

Pacto europeo sobre inmigración y asilo 2008 http://www.immigration.gouv.fr/IMG/pdf/Plaquette_ES.pdf (visitada el 04 de enero de 2010).

Padilla Delgado, Héctor Antonio. Historia Económica de Chihuahua (Nuestro Pasado Muy

Presente) 1970-1990. Universidad Autónoma de Ciudad Juárez. Colección Divulgare. México 2007.

Planea California deportar reos. Alcaldes de ciudades fronterizas mexicanas rechazan la idea de Shwarzenegger.". Araceli Martínez Ortega (Corresponsal de la Opinión) 2009-05-20. Se adjunta página: http://www.impre.com/inmigracion/2009/5/20/planea-california-deportar-reo-125683-1.html

Portes Alejandro, DeWindJosh. Coord. Respetando las Migraciones. Nuevas Perspectivas Teóricas y Empíricas. Secretaría de Gobernación Instituto Nacional de Migración / Universidad Autónoma de Zacatecas / Miguel Ángel Porrúa. México 2006.

Prevé INM alza de deportaciones de Estados Unidos de mexicanos 2014. Notimex. http://radioformula.com.mx/notas.asp?Idn=373523

Procesos de repatriación. Experiencias de las personas devueltas a México por las autoridades estadounidenses. Woodrow Wilson International center forScholars& El Colegio de la Frontera Norte. Noviembre de 2010 http://www.wilsoncenter.org/sites/default/files/PARIS%20POMBO%20PAPER.pdf

Programa de Repatriación Humana, 2010, http://www.inm.gob.mx/repatriacionH/Repatriacion_H.pdf (visitada el 11 de junio de 2010).

Quadratin, 01 de febrero de 2010, http://www.quadratin.com.mx/noticias/nota,60429/ (visitada el 16 de abril de 2010).

Reglamento de la Ley General de Población. Nuevo Reglamento publicado en el DOF el 14-04-2000 (última reforma publicada en el DOF 17-01-2011). http://www.cndh.org.mx/sites/all/fuentes/documentos/Programas/VIH/Leyes%20y%20normas%20y%20reglame

ntos/Reglamento/Reglamento%20Ley%20general%20de
%20Poblaci%C3%B3n.pdf

Reuniones de alto nivel del 68° periodo de
sesiones de la Asamblea General ONU – Diálogo de Alto
Nivel sobre la Migración Internacional y el Desarrollo:
Conseguir que la migración funcione.
http://www.un.org/es/ga/68/meetings/migration/about.sht
ml

Revista Doxa. Divulgación Científica, Ensayos y
Opinión. Volumen 2, Número 3. Universidad Autónoma
de Chihuahua, Facultad de Ciencias Políticas y Sociales.
México 2008.

Rivera Ayala, Clara, Rico Ramírez María de la
Luz Sara. Historia de México II. Thompson Editores.
México 2008. P.235.

Rodríguez Chávez, Ernesto; Martínez Caballero,
Graciela. "Síntesis 2012. Estadísticas migratorias del
INM". CEM/INM, México, D.F. 2012

Según varios informes de la CNDH de México, de
la patrulla fronteriza y de instituciones de la Sociedad
Civil, en México y Estados Unidos.

Silva Ramírez,Iván Reynaldo "La ineficacia del
estado mexicano para combatir el tráfico de migrantes.
El caso de la frontera Sonora-Arizona", Memoria digital
del evento "Migración y niñez migrante". Actores de la
globalización. Encuentro Internacional, Hermosillo
Sonora, El colegio de Sonora, DIF, Sonora, COLEF,
2007.

Simanski, John; Sapp M. Lesley.2011 Yearbook
of Immigration Statistics.Office of Immigration.
Washington D.C. 2012 pp. 91-119

Sosa, Luz del Carmen. "Prefieren deportados regresar a su lugar de origen que quedarse". EL DIARIO, 12 de junio 2008. Sección Comunidad.

Subsecretaría de Población, Migración y Asuntos Religiosos, 2010, http://www.gobernacion.gob.mx/Portal/PtMain.php?nId Header=2&nIdPanel=185&nIdFooter=3 (visitada el 12 de enero de 2010).

Thorup, Cathryn L. "Diplomacia ciudadana, redes y coaliciones transfronterizas en América del Norte: nuevos diseños organizativos" en Foro Internacional, Vol. XXXV, No. 2, abril-junio, El Colegio de México. México, D.F. 1995

Vicente Fox, reforma migratoria ¡hoy!, Blog, http://blogvicentefox.blogspot.com/2010/08/reforma-migratoria-hoy.html.

Vila Pablo. Traducción Julia Valeria Chindemi. Identificación de Región Etnia y Nación en la Frontera Entre México-EU. Colección Sin Fronteras. Universidad Autónoma de Ciudad Juárez. México 2004.

Villafuerte Solís, Daniel; García Aguilar, María del Carmen. "La doble mirada de la migración en la frontera sur de México: asunto de seguridad nacional y palanca del desarrollo". Liminar. Estudios Sociales y Humanísticos, Vol. V, No. 2, julio-diciembre, México, 2007, pp 26-46

XI Cumbre de Jefes de Estado del mecanismo de diálogo y concertación en Tuxtla Guanacaste, Costa Rica. 29 de julio de 2009 (Comunicado). http://www.inm.gob.mx/static/Centro_de_Estudios/Bibli oteca_Digital/88.XI_Cumbre_Mecanismo_Tuxtla_Costa _Rica2009.pdf

Ximena Vega, 04 de Junio de 2010,
http://vivirmexico.com/2010/06/trabajo-para-los-repatriados-oim (visitada el 01 de agosto de 2010).

YMCA, casas YMCA para menores migrantes,
2010,
http://www.ymca.org.mx/prog_YMCA_mmigra.html
(visitada el 19 de marzo de 2010).

Zapata-Barrero Ricard. Multiculturalidad e
inmigración. Editorial Síntesis. España 2004.

Zenteno, René M. Población, Desarrollo y
Globalización. V Reunión de Investigación
Sociodemográfica en México. Sociedad Mexicana de
Demografía / El Colegio de la Frontera Norte. México
1998.